理由ある反抗

子どものホンネを見のがさないために

親業訓練協会顧問
近藤千恵

Rebel with a cause

JN107560

みくに出版

はじめに

本書では、アメリカの臨床心理学者トマス・ゴードン博士の開拓した対話の手法を紹介します。ゴードン・メソッドともいうべき対話のメソッド。日本では「親業《おやぎょう》」として知られるコミニュケーション訓練です。

一九五〇年代、アメリカではジェームズ・ディーン主演の「理由なき反抗」がヒットしました。主人公のジムは豊かな家庭の息子。何不自由ない生活の中で、なぜか心を荒ませ、学校でつねに問題を起こし、自分も傷つき、周囲を疲労させます。アメリカはその前後から六〇年代、七〇年代にかけて、こうした裕福な家庭から問題児が生まれ、貧困が原因ではない犯罪が多発します。

ゴードン博士は、これらの子どもたちと心を開いた対話を続け、立ち直らせていきました。そして、やがてその家庭の親たちに、自分の開拓した対話の手法を伝えていきました。それは博士自身がカウンセラーとして学んだ、対話の技術を基盤としたものでもありました。カウンセラーには、クライアントの気持ちをほぐし、心を開かせるという、プロの〝対話の方法〟があります。ゴードン博士は、プロの対話の方法を家庭の親たちに伝えたのです。

現在の日本の子どもたちの様相は、当時のアメリカの若者たちとよく似ています。もろもろの劣悪な社会環境をみれば無理のないことではありますが、しかしそれにしてもあまりに短絡的な思考、刹那的感情にまかせた行動には首をかしげます。

親も教師も、彼らが心を病み、苦しんでいることは重々認識しながら、では彼らとどう関わっていったらいいのか、処方箋が見つからない状態です。コミュニケーションがうまくとれない、そもそも会話が成り立たないという状態も珍しくありません。コミュニケーションをとるには、それ以前にまず双方が相手とコミュニケートしようという気持ちになることが必要です。こちらからの働きかけと共に、相手がこちらと「話がしたい」「話をしてもいい」という気持ちになるかどうかが第一のステップです。

ゴードン博士のメソッドは方法自体は非常にシンプルながら、固く閉ざされた心の扉を開くのに、非常に効果的です。

たとえばメソッドの一つとして、「受動的な聞き方」と呼ばれるものが紹介されます。聞き手はうなずいたり、あいづちを打ったり、「それで?」とうながしたりする程度で、話はしないのです。しかしこういう聞き方のとき、相手は話しやすくなります。話しているうちに、自然と考えが整理されてきて、悩みや問題がおのずと解決してしまったりするのです。このように日常何げなく行っていることも、その意義がわかると、「意識的に」

行う方法ともなれるのです。

「能動的な聞き方」と呼ばれる方法では、相手の言ったことをくり返したり言いかえたりするだけで、やはり聞き手の考えはいっさい述べません。子どもが「おなかが痛い」と言えば、「おなかが痛いんだね」と言い、「学校に行きたくない」と言えば、「学校に行きたくないいんだね」と言う。「いじめられた」と言ってきたら、「イヤなことされたんだ」「いじめられて、つらいんだね」という具合です。

こんな「ものの言い方ひとつ」の違いではありますが、試みた人は一様にその効果の大きさに驚きます。幼児の場合はことに反応がガラリと変わります。転んで泣いている子どもに「がまんしなさい」「泣くんじゃない」と言っても泣きやまないのに、「痛かったね」と言えば泣きやんだり、おもちゃをせがむ子に、一緒に「いいね」「ほしいね」と言えば、やがて満足してウインドーの前を離れたりします。「僕は痛い思いをしている」「あのおもちゃが気に入っている」という気持ちを理解してもらったと確認して、満足したからです。「理解されたいという欲求」が満たされたのです。

人間は理解されたがっている存在です。逆に、理解されないという欲求不満の蓄積は、実に大きな負のエネルギーになります。

そして自分が理解されるためには、自分の欲求を言語表現する能力が不可欠です。赤ん坊なら泣いたり暴れたりして表現する欲求を、成長すれば言語で表現しなければなりません。周囲との関係を認識しつつ、自分の欲求を言語化して表現する力――この言語能力をもつ人間は、人に理解してもらうことができ、負のエネルギーがたまりません。だから短絡的に「キレる」ことはありません。キレるとは、たまった負のエネルギーが、瞬間的に自己コントロールの力を振り切ってしまう状態のことを言うからです。

周囲からは「理由なき反抗」と見えるものも、こういった負のエネルギーの蓄積から言えば、いわば「理由ある反抗」であり、単にその理由が本人にも周囲にも見えないことが多いだけなのです。

親は子を理解しようと努めながら、心のすさみや反抗の原因が見えず、怒ったり苦しんだりしています。ゴードン博士の「親業」のメソッドは子どもたちの負のエネルギーの原因がどこにあるのか、また親の欲求がどこにあって子どもに何を望んでいるのか、親と子の両方が何を考え、何を求め、何にぶつかって心を閉ざしているのか、その答えへと導くガイド役を果たすものです。そして両者に言語による表現能力をつけ、さらに高度な問題解決へと導いていくのです。

本書は主に親子関係に焦点を当てていますが、親業のメソッドは人と関わるすべての人、コミュニケーション能力を必要とするすべての人に有効です。よりたくさんの方々のお役に立つことを願っています。

なお、本文中トマス・ゴードン博士の著書『親業（ＰＥＴ）』からの引用部分は、紙幅の関係と読みやすさの考慮から私の責任で要約した箇所があります。

また、本書の中の事例は、親業訓練講座に参加した方々の実践例を、本質が変わらないように、かつ、どこのどなたということがわからないように変えてご紹介していることをお断りしておきます。

理由ある反抗　目次

目　次

第4章　あなたメッセージから「わたしメッセージ」へ

第6章 勝負なし法の注意点

第7章　変えられるものと変えられないもの

第1章

いまなぜ親業か?

＊――価値の伝承が困難な時代

人類にとって、教育は永遠のテーマです。私流に定義すれば、教育とは一人立ちできる人間を育てるというパラドックスであり、自立を援助していく作業です。

「価値の伝承」も教育の重要な部分を占めています。親は子に、教師は生徒に、上司は部下に、社会は次の世代に、自分たちがよしとするもの、こうありたいと願うものを伝承していく――時代という波にもまれて少しずつ形を変えながら、少なくとも柱の部分は伝えられてきたのです。

ところが近年、価値を伝承しようとする作業は、加速度的に困難になってきました。家庭、学校、地域社会、職場、あらゆる教育の領域で価値の伝承は困難になりました。

愛情や血のつながりといったいちばん強いきずなをもつ親と子のあいだでさえ、「そもそもコミュニケーションが成り立たない」という事態まで発生するようになったのです。

かつて教育とは、まず大人――親や教師――が情報を手にし、それを子どもに伝えていくことで行われていました。たとえば「お父さんが何でもいちばんよく知っている」という言葉が、家庭での実態を反映していたのです。何しろ外で働き、世の中についての知識や経験がいちばん豊かであったのは父親だったのですから。父親の言葉にはそれだけの重みがありました。

ところがいまはどうでしょう。テレビや雑誌などから情報や知識がどんどん入ってきて、直接子どもに影響を与えるようになってきています。父親以外の信頼できる情報媒体が複数存在し、そのおのおのが、そのときどきに異なった価値観を子どもに伝えてきます。そのうえ、コンピューター、携帯電話などの通信機器とネットワークが驚異的に発達して、それらの情報源とダイレクトに対話型で意思の疎通をはかれるのです。同じ屋根の下に住んでいても、子どもの話し相手となり、子どもに影響を与えているのは傍らにいる親ではない――ということも珍しくありません。

親と子のあいだにかつて存在した共通の基盤はどんどん崩され、コミュニケーションがますます難しくなるのも当然といえば当然なのです。

本書では、教育界の現状分析や批評批判はさておいて、その処方箋として、アメリカの心理学者であるトマス・ゴードン博士の提唱した〝対話の方法〟を紹介したいと思います。

＊――話す技術、聞く技術

言語はもっとも一般的な伝達の手段です。ですから、自分が伝えたいことを正確に相手に伝えるという、技術としての側面をもちます。音楽家が音楽的想念を表現するには楽器を演奏する技術が必要なように、言語も思いや情熱だけではなく、技術が必要なのです。もちろん技術は心あってのもの。ただ、言葉は人を操作したり傷つけたりする武器にもなる怖さももっています。

自分の思いや考えを正確に伝える技術――これは「話す技術」です。同時に、相手の言うことを正確に理解し、その背後にあるものを読み取る技術も必要です。これは「聞く技術」です。ところが言葉は楽器と違って日常茶飯時だれもが使うものだけに、つい安易な使い方をしてしまうのです。

ことに注目すべきは「聞く技術」です。

でも本当は、たいていの親は「子どもの話を聞くことが大事」なことを頭では理解しています。教育に関わる方々が、「子どもが話したいときには、お茶碗を洗うのなんか後に回して、とにかく聞いてあげましょう」と言われることも知っています。だから子どもの顔を見れば、「今日は楽しかった?」「今日は○○ちゃんと遊んだの?」と聞き、泣きそうな顔をしていれば、「どうしたの?」「どう感じたのか、言ってごらん?」と聞くのです。そのうち「早く話して!」になり、イライラしてきて「こうなんでしょ?」と言ってしまう。そして子どもと熱心に関わろうとする親ほど、「ああ、私はイライラして子どもの話も聞けない。だめな親だ」と自己嫌悪に陥ったりするのです。

学校の先生たちも、生徒とのコミュニケーションを試みています。「困ったことがあれば相談に来なさい」と言います。しかし生徒から相談を受けるには、まず生徒のほうがその先生に相談する気になるかどうか、先生と生徒とのあいだに心のかけ橋がかかっているかどうかが問題です。「どうせ話したってわかるもんか」と思う先生には話さないのではないでしょうか。「この人ならわかってくれる」とか、少なくとも「わかろうとしてくれる」人に話します。大人もそうです。だれかに話を聞いてもらいたいとき、相手を選択しているものなのです。それはたいてい、「話をよく聞いてくれる人」「自分の話がわかる人」のはずです。

この点、仕事帰りの人がよく行くクラブのママさんたちは、上手な聞き役かもしれません。「……まぁ、……ふうん、……そうだったの、……」。それだけでたくさんの人たちが仕事の疲れをとり、緊張をほぐし、ストレスを発散し、そして少なからぬお金を払って帰っていきます。欧米にはビジネスマンが飲んでウサをはらす赤提灯のような場所はありません。ステイタスが高くなれば、すべてに自己管理能力が求められますから、手に余るストレスは精神科医やカウンセラーの力を借りることも珍しくはないのです。日本では赤提灯やクラブのママさんがカウンセラー代わりというほどではなくても、かなり精神衛生に貢献していると言えるかもしれません。

実は「聞く」ことはカウンセラーの役割として重要な要素なのです。そこにはプロの「聞くスキル」があります。

「どう感じたの?」などとうながしても、小さい子になればなるほど、どう感じているかが自分の中では見えていません。感じたことを言語化するのは、大人にとっても高度な技術を要します。

子どもの中で表現されずにいる感情や思考に気づかせ、言語化して、さらに次の段階に発展できるようにする――それがこの親業のメソッドなのです。

＊――子どもは違うカルチャーの中で生きている

これまで親子間のコミュニケーションがさほど問題視されなかったのは、親子が同じカルチャーの中で生きてきたからです。

ウィーンに滞在していた外交官のお嬢さんから、こんな話を聞きました。彼女はもの心ついたときからずっと海外での生活です。学校の友人のお母さんたちは自分のことをとてもほめてくれるのに、肝心の母親は友達の母親に対して「うちの子はだらしがなくて」とか「ちっとも勉強しない」と言うばかりで、なかなかほめてくれない。自分は母親に嫌われているとずっと思い続け、とても暗い青春時代を過ごした。ところが、十代半ばに日本に帰ってきて、日本の人がわが子のことを謙遜してそういう言い方をするのを知って、母親の対応が初めて理解でき、でもそれまでは、自分はダメな子だと、暗いつらい思いをし続けたというのです。

彼女の母親は、わが子という安心感と思い込みで、娘が自分たちとは違うカルチャーの中で育っていることに気づかなかったのです。これは異国での極端な例ではありますが、いまは多くの家庭の親子が、お互いに違うカルチャーの中で生きているとも言えます。

また以前に、高校二年生の女の子が、自分の狂言誘拐を仕組むという事件が起きました。毎晩夜遅くまで遊び歩く娘の身を心配した母親が、ある晩いつものように遅く帰宅した娘に「毎晩十時過ぎまで外をウロウロできて、いいご身分ね！」と言った。その言い方が気に食わないから親を困らせてやれというので、娘は外から家に電話をかけ、男の声を装って、「娘を預かってる。三千万円持ってこい」と脅したのです。

なぜこんな事態になるのでしょう。母親は心配でたまらないからこそ、無事な顔を見たとたん、ホッと安心して、次に怒りがこみあげるのです。子を思うから叱り、ときに思わず手を上げる。それがひと昔前なら、世間に共通したカルチャーでした。

しかし、いまは親は子を愛する、という当たり前のことを、子どもが理解できるように、あえて伝えていかなければなりません。

すさまじい情報化時代、多種多様なメディアが、親のもつ知識や情報や価値観とは異なる知識や情報や価値観を次から次へと運び込みます。さらに、親も子も情報産業のターゲットとして分類されて、親に伝わる情報と子に伝わる情報とはかけ離れたものになり、共有できる情報はますます少なくなっています。

親は赤ん坊を社会化していく、つまり社会的に一人前の人間へと育てる責任を負っていますが、子どもが自然と親の後ろ姿を見て育つというのは、あくまでも同じカルチャーの中で生きる場合です。子どもが異なるカルチャーを有しているなら、お互いに意識的なコミュニケーションで、親の背中を見せていくことが必要です。つまり「私はおまえを愛している。私はおまえの教育に責任をもつ人間だ。だからこれこれのおまえの行動について、私は深い関心があるし、私が何を大切にしているかをおまえに伝える立場にいるのだ」ということを意識的に伝えていかなければならないのです。

カルチャーの違いを考えれば、ある意味では、親子の会話はむしろ他人との会話よりはるかに難しいと言えます。親子だからわかるはずだという思い込みが、互いのカルチャーの違いを見えにくくしていることがよくあるからです。ときには、子どもが違うカルチャーをもつこと自体を非難する気持ちになったりもします。

また、親子の場合は愛情があるだけにドロドロしてしまいます。「子どもには子どもの人生がある」と言いながら、深く関わりたくなる。「こうしたらいいのに」という思いが深いだけに、親子の会話は困難になるのです。

いまの時代、ごく普通の家庭で、親が子を思いながらも言葉というボタンのちょっとしたかけ違いが修復されないままに大きな不幸につながることが多いように思います。

子どもに発信を試みるときは、親は愛情を愛情として的確な表現で伝えなければなりません。そして親の愛情が愛情として子どもに「理解」されているかどうかを認識していくことが必要です。そのためにも、親の愛情を愛情として子どもに理解させていく、本音が通る心のかけ橋を築くことが求められます。だからこそコミュニケーションの能力を磨いていくことが必要なのです。

＊――親になるための訓練

こうした伝承の難しさ、教育の困難さが言われだしたのは、日本では一九七〇年代くらいからではないでしょうか。

アメリカでは五〇年代から六〇年代に、すでにこうした状況にありました。「理由なき反抗」「暴力教室」といった映画がヒットしたのもそのころです。

「理由なき反抗」では、ジェームス・ディーン扮するジムは、豊かな家庭の息子。そこには過保護・過干渉の母と、エプロンをかけて老母を世話する存在感の薄い父親の家庭が描かれています。母親の干渉と父のふがいなさに反抗するジムは、学校ではつねに問題を起こし、そのつど両親は息子のために別のよい私立学校へ転校させ、自分たちも引っ越すという対応をくり返すのです。この映画では、結末は父親が自分の威厳を取り戻すことで安定した家庭の構図が生まれ、息子もまた精神の安定を取り戻すことで終わります。

映画の結末はさておき、この「父親不在、過干渉の母」という家庭構造は、日本でも戦後の高度成長期、男たちが組織の中にどんどん囲い込まれていくことで、ごく一般的な家庭像になってしまいました。このパターンがアメリカではすでに一九五五年に描かれていたわけです。

そして当時のアメリカでは、貧困ゆえではない子どもたちの非行の問題が頻発し、社会問題となっていました。裕福な、社会的・経済的にステイタスの高い家庭から多くの問題児が生みだされたのです。

ゴードン博士はそうした子どもたちと接して、問題の親がいるから問題を抱える子どもがいるということを痛感します。彼らはゴードン博士と心を開いたコミュニケーションを通して立ち直っていきました。ところがその子どもたちを親のもとに返すと、結局また元に戻ってしまうのです。「これは親に働きかけないとだめだ」ということで、ゴードン博士はいわゆる問題児のいる家庭を対象に親教育を始めました。

それは従来のような教育論や知識や情報を提供するだけのものではなく、子どもたちとの日常の接し方の具体的な手法や心がけに重きを置いたノウハウでした。それは悩みや問題を抱えている人たちとのコミュニケーション術として、博士自身がカウンセラーとして学んだノウハウでもありました。彼はそれを親たちに伝えたのです。

ゴードン博士はそれをPET（Parent Effectiveness Training）＝「親効果訓練」と名づけました。「親としての役割を効果的に果たすための訓練」という意味で、体験学習を重視した内容でした。親は、一人の人間を生み、養い、社会的に一人前になるまで育てます。これほど能力や努力が必要な「仕事」はないのに、親になる訓練はない。どんな仕事にもトレーニングがあるように、親になるトレーニングも必要だ。逆にいえば、トレーニングさえすればだれでもちゃんとした親になれるのだ――こんなメッセージを込めたのです。

そのトレーニングの柱となるものが、子どもとの対話のメソッドだったのです。

ゴードン博士の活動に、教育学や心理学の専門家たちは批判的でした。これらのコミュニケーション技能は、彼らが長い年月をかけて研修を受けて身につけた、あくまでも専門家の高度な方法だったからです。それを素人の親たちが身につけられるわけがないという意見でした。アメリカでは大学院まで進んで五百時間以上ものカウンセリングの実習の時間を受けて、やっとカウンセラーになります。人の心を扱う仕事なので、十二分に研鑽を積んでやっと資格を得るのです。

しかしゴードン博士は、子どもを育てる現場にいる親こそ、子どもとの接し方について学ぶ必要があるのだとの強い主張から、親教育の活動を始めたのです。

ゴードン博士の試みは、親たちには広く受け入れられました。そして当初は問題を起こした子どもの親に対して矯正施設などで行われていたのが、「こういうことをもっと前に知っていたら」「子どもが問題を起こす前に」というので、徐々に予防的なものとして浸透していったのです。

カリフォルニア州パサデナ市のゴードン博士の地元で十七名の親と共に最初のＰＥＴのクラスが開かれたのが、一九六二年。その後ＰＥＴは全米から国境を越えて、現在では四十数カ国に広がり、一九九四年には訓練を受けた人は約百二十万人、活動の手引きともいえるゴードン博士の著書『ＰＥＴ』は、「新しい親子関係のテキスト」として十九カ国語に翻訳され、現在までに五百万部も読まれています。

＊――民族や習慣の違いを超えて通用するメソッド

日本で『親業（ＰＥＴ）』が出版されたのは一九七七年です。私は翻訳家としてこの著書に出会い、その後の私の人生を大きく変えることになりました。原本を一読したとき、すでに一児の母親であった私は、たいへん強い刺激を受けました。そして翻訳をしている最中にたまたまＰＥＴ本部のあるパサデナに近いロサンゼルスに一年間滞在する機会があり、セミナーを受け、さらにＰＥＴインストラクターの資格も取得しました。

出版に当たっては、ＰＥＴを「親業《おやぎょう》」と訳したために、話題を呼びました。七九年には初めて親業訓練講座を開きました。それについて朝日新聞が大きく取り上げたため、私のもとには電話やら手紙やらが殺到するようになりました。そして育児に悩む母親やよりよい親になりたいという母親たちのエネルギーに助けられ、一九八〇年に日本に親業訓練協会を設立したのです。この設立の準備が始まったのは、ちょうど私に二番目の子どもが生まれたころです。

実は「親業」とは、最初の子どもが生まれたときから、私の生活の中で使っていた言葉でした。親業の「業」は役割といった意味です。「主婦業という言葉があるなら親業も」という気持ちでした。

そしてゴードン博士の『ＰＥＴ』を読んだときに、「こんなすばらしい内容がわかっていれば、だれでもちゃんと親ができる！」と思い、ＰＥＴを「親業訓練」と訳したのです。

残念ながらこの言葉からは、このゴードン博士の親業訓練がコミュニケーション訓練であるということがなかなか伝わらず、親子は愛情だ、血の濃さだという把握と一見相反する表現に、感情的な反発もあったようです。マスコミも「親も業なのか」「親にも塾が必要なのか」といった皮肉なとらえ方をする向きもありました。そのころはちょうど金属バットや祖母殺しの事件のあったときで、盛んに親のあり方、家庭のあり方が取り沙汰されていましたから、それに乗ずるかのように受け取られた向きもありました。

しかし家庭という現場にいる母親たち、とくに仕事をもつ女性たちには、たいへん共感を呼びました。中には、「親業という言葉を見て、ヤッター！　と思った。私も親は親業だと思って子どもを育てていた」というものもありました。

それに親になるための教育が必要だということは、当時すでに文部省（現在　文部科学省）をはじめ広く認識されていました。そして家庭教育学級などがＰＴＡなどを通してよく開かれました。最初は中学生の親を対象に開き、それでは遅いというので小学生の親が対象になり、幼稚園にまで予算がどんどん下りていきました。やがて「明日の親になるための学級」なども開かれることになって、私が講演者として呼ばれたこともありました。

十年もたつと、「親業」という言葉に対する反発の空気はあまり感じられないようになり、「あ、親業ね。親の何かについて教えてくれるのね」という感覚が強くなりました。

翻訳をしていたときには、日米の文化の差や言語形態の違いがあるから、はたして日本でも浸透するメソッドだろうかと思うこともあったのですが、実際の活動を始めてみると、そんなことはまったくの杞憂《きゆう》でした。日本の従来の言語パターンと英語の言語パターンの違いがあるだけで、民族性や習慣の違いは問題にはなりませんでした。民族性や習慣の違いを超えて通用するメソッドだったのです。私自身もそうでしたが、講座を受けた方も、ちょっとした日常の子どもとの受け答えで、親子の関係は大きく変わっていきました。

いまでは、講座の参加者も男性が増え、また親だけではなく、教師や生徒、医師、看護師など医療福祉関係者などへと広がり、親業のメソッドは教育や医療の現場でもコミュニケーションを円滑にする方法として用いられています。

＊――自立を助けるとは、問題の所有権を侵さないこと

ゴードン博士は、子どもの自立をうながす教育の基本に、「問題所有の原則」という考え方を示しています。

子どもが問題をもつとき、その問題の所有権は子どもにあるので、それを他者が取り上げてはならない、というものです。つまり子どもの問題は親が一方的に解決してはならないのです。「問題」とは自分の人生に降りかかってくるさまざまの解決すべき事柄で、何

らかの否定的な感情、イヤだとか不快、苦しいというものもすべて含まれます。この否定的感情をもつ者が、その問題を所有し、悩み、克服していく権利を有するのであって、それを他者が侵すのは本人の成長の機会を奪うことになる、というのです。

この問題所有の権利は、子どもだけでなく、大人にもいえます。

たとえば、子どもが学校の宿題をやらないとします。このことで先生から叱られたり、自分でもイヤだと思ったり、何とか宿題をやれるようにしたいのに、いつもつい忘れてしまうというとき、この場合は問題の所有権は子どもにあります。子どもが悩んでいる、つまり宿題を忘れるのを「イヤだ」と思っているからです。

この場合、親は子どもが問題解決の道を探る手助けをします。解決策を提示するのでなく、子どもが自分の思考作業を進める過程でそのつど思考の整理を手伝うことで、本人が解決策にたどりつく手助けをするのです。そこにも親業のすぐれたメソッドが生きています。

また、子どもが宿題をやらなくても本人は気にもせず、先生に叱られようが成績が落ちようが何の不快感もなく毎日を楽しく過ごしている一方で、親のほうが日々そのことで頭を悩ませているとしたら、問題を抱えているのは親になります。そのことについて悩み、それを「イヤだ」と思う感情について対応し、解決しなければならないのは親であって、子どもにはちっとも問題がないのです。この場合は、親が子どもに、自分の思いをき

■問題の所有権と問題解決のための方法

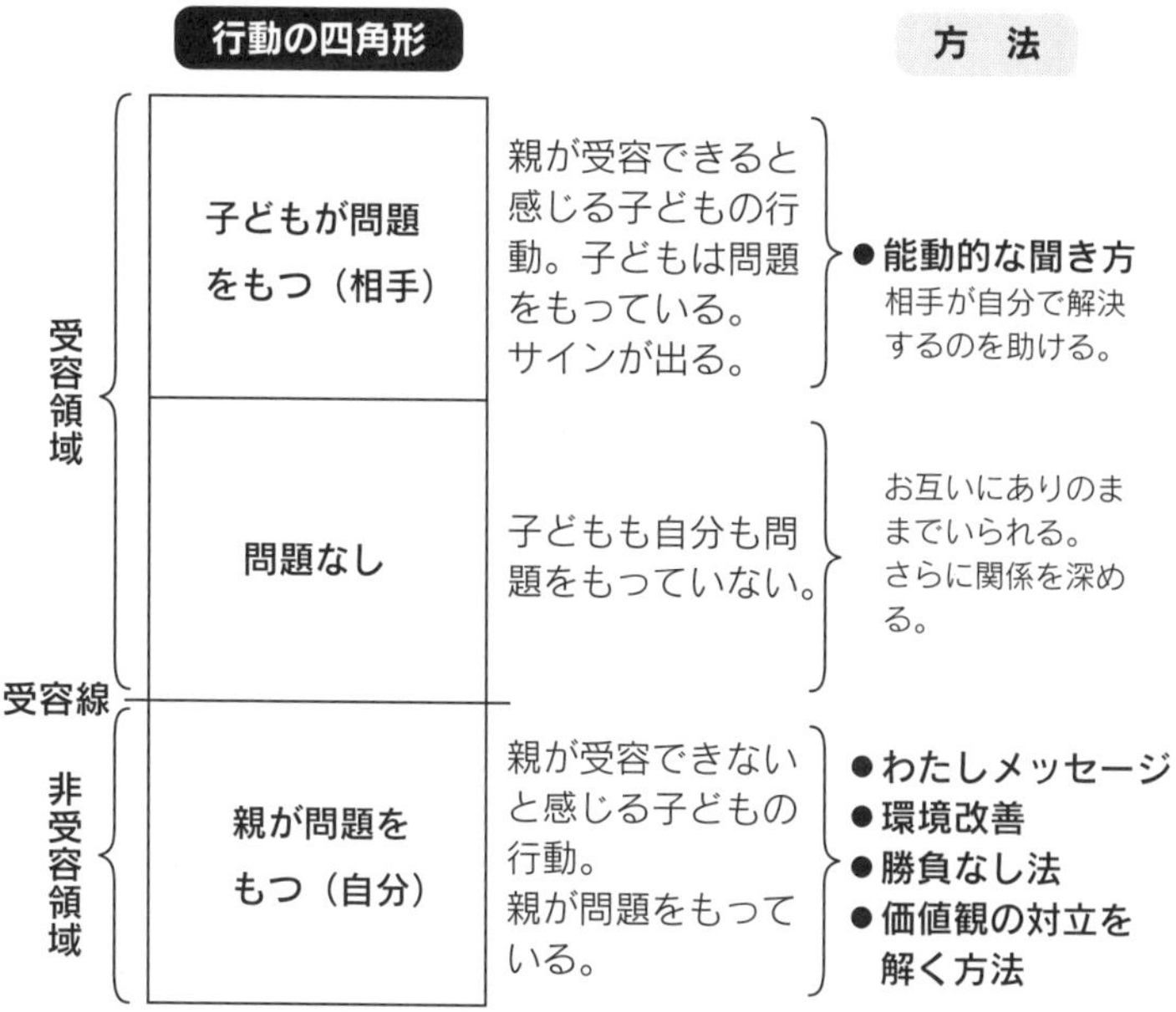

ちんと言語化して伝える方法をとります。「私はこういうことが人生において大切だと思う。君の状態はこうだけれど、それについて自分はとても心配している」ということを伝える方法をとるのです。そのメッセージの伝え方に、これまた親業の方法があるわけです。

また、子どもが宿題をやらなくても本人もいっこうに平気、親もまた平気というのであれば、それはまったく両者とも問題なしです。そのことでさらに別の人間、たとえば先生が頭を痛めるとしたら、先生に問題の所有権があり、先生が生徒や、必要なら親に「私はこう懸念している」という働きかけをすることになるわけです。

多くの場合、親は子どもの抱える問題をそのまま共有してしまいます。子ども以上に胸を痛め、あるいは自分の手で解決してしまって、子どもから問題解決の能力を学ぶ機会を奪ってしまうのです。あるいは、大きな問題であるにもかかわらず、「これは子どもが自分で解決する問題だから」とつき放して、結局子どもは問題につぶされて心に大きな傷あとを残すこともあります。こんなとき、ちょっとした親の援助で、子どもが自分で問題の解決策を見つけることができたら、親も子どもどんなに楽なことでしょう。

親業のメソッドによるコミュニケーションは、両者が独立した存在として問題を所有したまま、親も子も共に解決策に至る思考のプロセスが習得できます。そして日常生活で無理なく楽に互いの問題解決をくり返しながら、今後の人生に待ち構えるさらに大きな問題に立ち向かう力を自然と身につけつつ、親も成長し、子も成長していくのです。

＊――親業のメソッドはマズローの第三・第四段階の欲求を満足させる

心理学者のマズローは、シュバイツァーやアインシュタインなどのように偉業を成し遂げた人々について研究した結果、人間の欲求は基本的なものから上位のものへと段階的な層を成しているとの「欲求段階説」を考えました。その主要なものは、五つの段階にまとめられています。第一段階が生理的欲求、第二段階が安全の欲求、第三段階が社会的欲求、第四段階が自尊の欲求、第五段階が自己実現の欲求です。

マズローによると、段階の下にいくほどその欲求は人間にとって基本的で、たとえば空腹のとき、生理的欲求を満たすためには見栄も外聞もなく、また危険をかえりみず、あのジャン・バルジャンのように他人のパンに手を出すこともあるというのです。そして、この段階の一番上の自己実現の欲求には、いわゆるヤル気や自発的な欲求が不可欠です。でも、意欲やヤル気は、社会的欲求や自尊の欲求が満たされてこそ大きく育つのです。

勉強のできない子どもは、先生がどう思っているかといった先生自身に注目するが、できる子は先生自身より先生の話のほうに集中することが多い、と言われます。先生自身に注目する子どもは、第三段階の社会的充足のほうに心がひかれるために、自己への課題志向になれないのです。こういう子どもは、親が親業のメソッドによって子どもと接し、親子関係が安定してくることで、上位の欲求に目を向けることができるようになります。

さらに親業のメソッドは、子どもの人格を尊重するということをコミュニケーションによって具現化しようとするもので、第四段階の自尊の欲求をも満たすものです。つまり親業のメソッドは、社会的欲求や自尊の欲求を満たし、自己実現への道を開くのです。子どもたちに新しいものへ挑戦し、取り組んでいく意欲を育てるのです。これを学習意欲と言ってもいいと思いますが、これは必ずしも学校の勉強に発揮されるとは限りません。音楽に発揮する子どももいれば、スポーツに発揮する子もいるでしょう。それは人それぞれであり、そんな子どもの個性と意欲にどう対応するか、そこで親の生きざまが問われることになります。

つまり、このような子どもへの接し方は、親の生き方をも問い直し、同時に親自身の自己実現の欲求に至る道を開き、親自身の学習意欲を育てるものでもあるのです。

＊――親も子も〝自分らしさ〟が見えてくる

ところで、いまのうちにお断わりしておきますが、親業訓練すなわちＰＥＴはあくまでもコミュニケーション訓練です。親業のメソッドは、あくまでも対話の方法であって、「親のあるべき姿」や理想の家庭像を提示するものではありません。

親業という言葉から、親とはこうあるべき、そのためにはこうするといい、といった理想像を提示して、そこへ道案内をしてくれるものを想像する方もいらっしゃるようですが、そういうものではありません。

また、子どもの理想像が提示されるわけでもありません。あるとすれば、子どもは自立心があり、協調的で、自分で自分の行動に責任のとれる人間にするのが望ましい、とするゴードン博士の哲学だけです。そういう意味では親業は「子育て業」でもなく、自分の悩みを自分で乗りこえられる子どもになるよう勇気づけるには親はどうすればよいのかを明らかにしてくれるメソッドなのです。

見えてくるのは、むしろ自分という人間の欲求です。自分が何を心地よいと感じ、何を不快と感じるか。何を喜び、何を苦痛に感じるか。子どもや夫や妻に何を求め、何を幸せと感じ、どんなときに充実した気持ちをもって力が発揮できるのか——そんな自分という人間の姿が見えてきます。同様に、「あ、この子って、こんなことを嬉しいと思う子なんだ」とか「こんなことはちっとも苦にならない子なんだ」と、これまでにはまるで想像もしなかった子どもの姿もまた、新たに見えてくるのです。

人は意外と自分のことが見えないものです。「好きなことをしたい」「自分らしく生きたい」と言いながら、では本当に何が好きなのか、何が「自分らしい」ことなのかがわからない。そのせいか、自己実現願望とともに「自分探し」もまた実に盛んです。

とくに組織の中に長年身を置いていると、組織全体が効率よくより大きな成果を上げるために自分がどう動けばよいか――を基準に行動するようになるので、自分らしく生きようとしても、自分がどんな感情をもっているかさえ認識できない場合があるようです。

親業のメソッドによるコミュニケーションは、親も子も自分自身がはっきりしてきます。「自分にとっての幸せって何だろう」ということが、親も子も明確になります。自分の考えや望むことがしっかり見えてくると、みんながこうするのだから自分はこうしなければならないという基準では動かなくなります。周囲の枠はちゃんと認識したままで、自分の思考や感じたことを基準に行動していく自信が生まれるのです。それが「自分が確立していく」という実感です。

理想の家庭、理想の親像は人の数だけあるはずです。家庭内、親子間のコミュニケーションを通してどういう家庭を築きたいのか、それは百人百様、一人ひとりの判断です。親業のメソッドは、そのコミュニケーションの過程で自分の望む姿をより明確にし、実現する手伝いをしてくれるのです。

子どもは大人の言語パターンを学んで踏襲していきます。言語によって思考を組み立てていく能力は、その人の人生に大きく影響します。ですから言語のパターンは思考のパターンでもあるのです。周囲の人々との喜怒哀楽を共有しながら、自分が訴えたいこともきちんと表現でき、自分の感じ方によって行動が取れる。そういう言語と思考のパターンを幼いときから身につけていくと、力による押しつけで周囲を従わせたり、周囲を恐れて自分を歪ませることがないのです。

■コラム① いま人は何を必要としているのか

いまほど教育が難しい時代はないと思います。これまでも教育の問題は何か問題が起きるたびにクローズアップされてきました。しかしいつも、ホットシートに座るのがだれかというだけの論争に終始してきたように思います。その中でいちばん悩んでいるのが現場で子どもと日々接する人――親と教師ではないでしょうか。

トマス・ゴードン博士がＰＥＴを始めたのは一九六二年。その数年後にベトナム戦争が勃発しています。戦争の失敗は、単なる敗戦に終わらず、圧倒的な軍事力を誇る大国が巨大な戦車や化学兵器で水牛で田を耕す村を攻めるという構図を、マスメディアが明らかにしてしまいました。世界の正義、世界のリーダーアメリカへの疑惑と不信が国内に広まり、大人たちが構築してきた教会の教えや規制秩序は崩れ出し、価値体系が大きく変動し、若者たちは新しい価値を求めて瞑想に凝ったり、ドラッグに逃げたりしました。

そのころのアメリカと現在の日本は、ある意味でとてもよく似ています。戦後の経済成長は結局幸福をもたらさず、親も子も次の手本とすべきものが見えず、何もかもが許され、自由なようでいて、学校や会社という組織の束縛だけがある。何でも手に入る中で自分自身が何を望み、何をしたいかも見えない。そして人とわかり合えないという、孤独だけを感じている――そんな人があまりにも多いのです。

方向性が見えず、変動する社会の中で人が何より求めるものは、自分がしっかり地に足をつけて生きていると実感させる「価値基準」でしょう。いまは価値の伝承が難しく、親の価値観を子どもに伝えにくい時代です。親子が異なるカルチャーの中で生きていることも確かにあるのですが、しかしそれ以前に、親が自ら構築した価値基準ではなく、「こういう社会だからこういうほうが生きやすい」といった寄り添い型、従い型の価値基準で生きていることも大きな原因だと思います。親自身が本当に自分の求めているものは何か、オリジナルの価値判断を再構築しなければならないときではないでしょうか。

もう一つ、現代の問題である「孤独」に対抗できるのは、愛されているという実感と、他人との心を開いたコミュニケーションです。欧米は個人主義の発達した国です。それだけに欧米人には孤独という問題がいつもついて回りました。だからこそ自分と相手とのつながりを確認し合う、「アイ・ラブ・ユー」のような言葉の作業も発達しています。

日本では言葉による確認作業はこれまで必要ありませんでした。気持ちは口に出さずともわかるものという前提で、口に出すことをむしろいさぎよしとしなかったのです。しかし、言葉による確認という作業は、日本でも必要になってきています。

ゴードン博士の親業訓練は、これらの問題を解決するガイド役でもあるのです。

第2章

心の扉を開く「受動的な聞き方」

＊――「人変じて親となる」から問題が起きる

ゴードン博士は、『親業（PET）』で「人が親になると、おかしな、そして不幸なことが起こる。親という役割を演じようとして、自分も人間であることを忘れてしまうのだ」と述べています。

こういう「人変じて親となった」親は、子どもにはいつも思いやりを示さねばならない、無条件に子どもを受け入れ、寛大でなければならないと考える。この底にある気持ちはよくわかるし、むしろほめられるべきだが、親業がこれでうまくいくかというと、ふつう、その逆になってしまう。親業をはじめて最初に犯す大きな過ちは、この「自分の人間性を忘れる」ところにある。親業をうまくやりとげる親は、自分が本当の一人の人間であることを、まず自分に許すのである。

乱暴を働く、友達のおもちゃを横取りする、試験前なのにいっこうに勉強しないといった行動は、たいていの人間から見て好ましくない行動です。また、好き嫌いなくおいしそうに食事をする、人に親切にするなどは、たいていの人間から見て好ましい行動です。こうした行為に対しては、親の対応は一定しています。

しかし日常の多くの場合、私たちは、⑴状況により、⑵相手により、また、⑶自分の心身の状態によって、相手の行動を自分が嫌だと思わない（受け入れられる）行動か、嫌だと思う（受け入れられない）行動かに分けてみているものです。わが子がすればほほえましいイタズラも、隣の子なら許せない。同じ兄弟でも長男なら許せることが、次男がするとなぜかカンに障る。何かにつけ父親は姉の味方をし、母親は妹の肩をもつ。部屋の中で大声で歌い、踊り回る子どもが、父親には「落ち着きない騒々しい子」に映り、母親には「のびのびと元気な子」に映る。

同じ子どもの同じ行動でさえ、自分が満ちたりた状態であれば愛らしく映り、悩みがあったり睡眠不足だったりすれば、カンに障ったりもします。

また一般に自分自身を肯定できる人は子どもをも肯定しやすく、自分自身を肯定しにくい人は、子どももまた肯定しにくいという傾向もあります。

感情的にならず、つねにあたたかく子どもを見守ることのできる親ももちろんいます。しかしたいていの親は、そのときどきの自分と子どもの置かれた状況によっても、心身の状況によっても、受容・非受容の領域の境界線（受容線）は実に流動的に、ある意味では「いいかげん」に変わるものなのです。（45ページ参照）

そしてこれは大人相手の場合なら当たり前、とりたてて深刻にはなりません。相手が子どもゆえに、「親は子どもに対して一貫した態度で臨まなければならない。親の心理や行動に一貫性がなく、不安定だと、子どもの情緒も不安定になるから」と多くの教育者や教育関係者が訴え、私たちもまたそう思い込んでしまうのです。

さらに「父親と母親の対応が異なっていると、子どもは混乱する」というので、親も共同戦線を張ったり、あまり育児に熱心でない配偶者に対して、熱心なほうが意見調整を迫ってやっきになったり、あげくの果てにはこうしたことが原因で夫婦仲がこじれたりします。

親業を開始することになったら、先のゴードン博士の言葉を思い出しましょう。

——親業をうまくやりとげる親は、自分が本当の一人の人間であることを、まず自分に許すのである——

親になっても人間は人間です。夜、子どもが愛らしく「お話をして！」とせがむとき、「もうすぐ見たいテレビが始まるのに」とイライラしたからといって、悪い親だと思うことはないのです。

親業訓練は、いま自分が何を感じているか、なぜその子どもの行為が受け入れられないか、自分の気持ちを確認するところから第一歩が始まります。そこから親と子の両方が、自分

■受容・非受容の構造

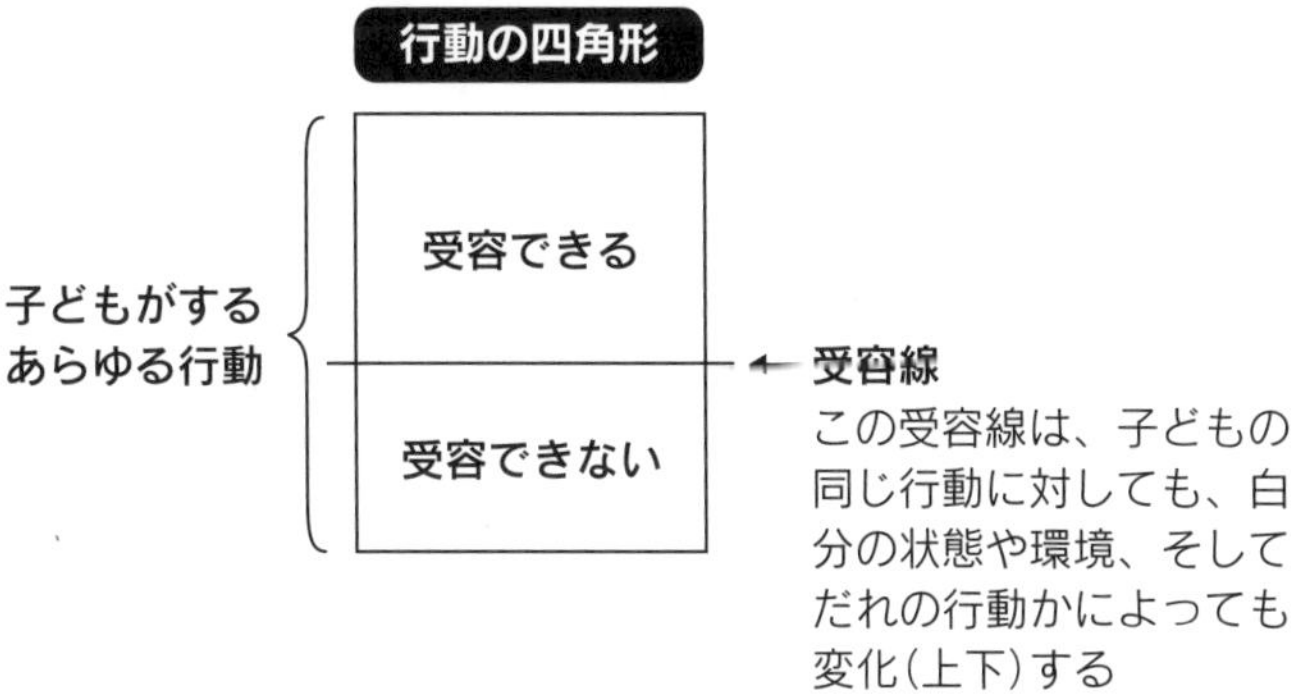

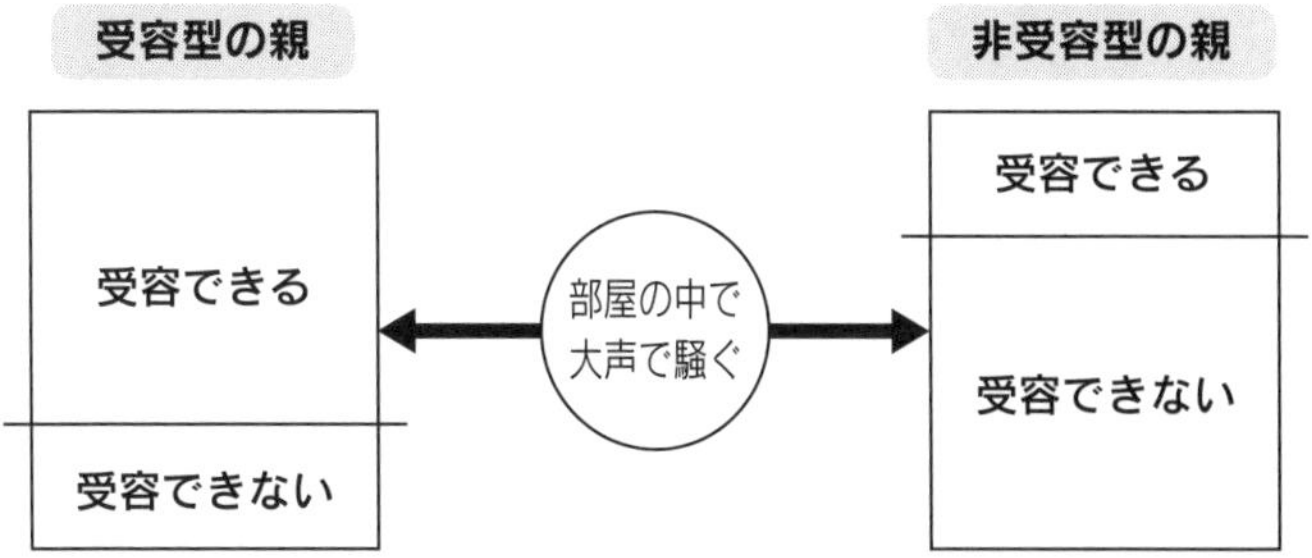

自分自身を肯定できる人は受容型が多い

たちにふさわしい問題解決の道を探ります。

このときの自分の心理の把握は医者の診断と同じ。診断を誤れば、薬の処方も間違います。診断はとても大事なのです。

＊――混合メッセージは百害あって一利なし

内心は子どもの目の前の行動がいまの自分にはありがたくない、しかし「いや、行為自体はいいことなのだから受け入れてあげなくてはならない」と思うとき、人は偽りの受容を示すことになります。

たとえば夜子どもが寝るとき、たいていの母親は「早く寝てほしい」と思います。「部屋を片付けなくちゃ」「明日の仕事の準備がある」「ゆっくりコーヒーを飲みたい」……。それなのに子どもは好きな絵本をくり返し読んでとせがむ、という場合、母親は「いいわよ」と絵本を取り上げながら、無意識のうちに（あるいは意識的に）「私はいまの状態を歓迎していない」というメッセージを送ることになります。つまり〝不機嫌〟をにおわせるのです。読む声がそっけなかったり、顔がこわばっていたりします。

こうした信号は幼い子にも伝わります。こういうときこそ子どもは混乱します。言葉では受容のメッセージを受け取り、言葉によらないメッセージでは、否定の信号を受け取る。

■偽りの受容は子どもの心を傷つける

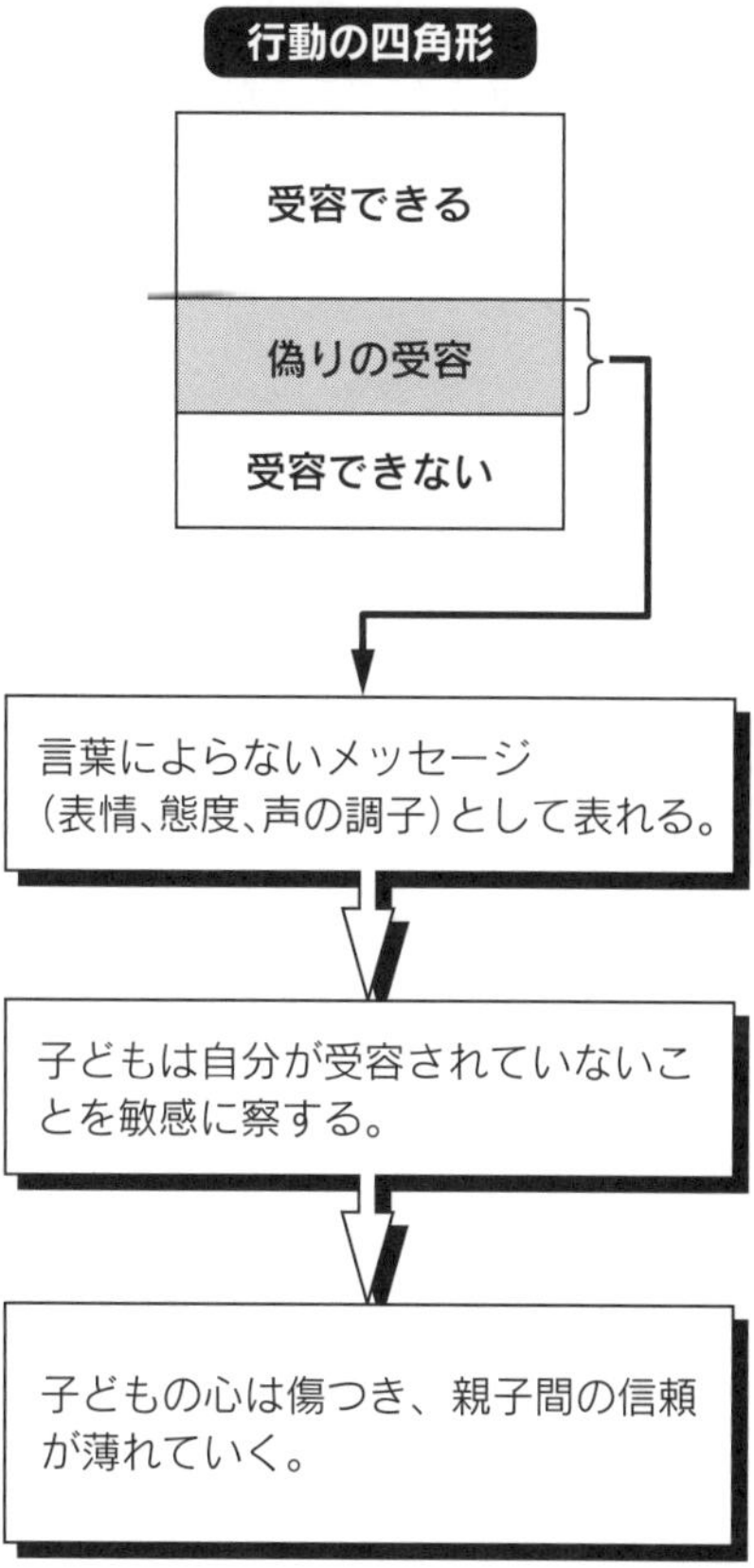
行動の四角形
受容できる
偽りの受容
受容できない
言葉によらないメッセージ
(表情、態度、声の調子)として表れる。
子どもは自分が受容されていないことを敏感に察する。
子どもの心は傷つき、親子間の信頼が薄れていく。

「いったい自分はどうしたらいいのだろう?」と、身動きのとれない状態に置かれてしまうのです。これこそ心理の発達に深刻な影響を与えることになります。

子どもにとっていちばんやっかいな親とは、いかにも子どもの行動を受け入れているようにふるまいながら、「本当は受け入れていない」ことをかすかに伝える親です。こういう混合メッセージは、大人同士の世界でもひんぱんに起こっています。相手にこういう態度をとられると、私たちは「イヤな人!」と思います。子どもにはとくに有害です。ひんぱんにそれが続くと自然と子どもは親の顔色をうかがうようになります。そして母親が口に出す言葉と本心とは違うということを学習し、不信感も抱いてしまいます。

親子の関係は学校や職場の仲間とのつき合い以上に、長く緊密に続きます。こういう関係では、親の本当の感情を子どもから隠すことはまず無理です。そして子どもからは親の本心がすけて見え、親からは子どもの本当の感情が見えないことになります。子どもは親に本心を伝えなくなるからです。

ところで、私は子どもの行動を受け入れなくていいと言っているのではありません。本章ではこのあと、受容がいかに大事かについて述べます。ただ、人間は神様ではないので、受容したくても受容できないときがある。そのことを悪いと思う必要もないし、とりつくろう必要もない。そのことを認めることが重要だということです。

＊――ありのままの自分が受け入れられるとき、人は愛されていると実感する

なぜこんなに「受け入れる」ということに重きが置かれるかというと、それはありのままの姿で受け入れられるときに、人は安心感をもって心を開き、また「自分は愛されている」と感じるからです。これはだれしも体験的にわかる感情です。ご飯を残さずに食べたから、とか、友達と仲良くしたから、学校の成績が良いから、正直だから、仕事の業績がいいから……という「条件付き受容」ではなく、自分がありのままの姿で受け入れられるとき、人は愛されているという感情をもつのです。

だからこそ、子どもを無条件にありのままに受け入れられる存在――それが親の理想とされるわけです。

そして「自分は愛されている」という感情が基盤にあるときに、人は安定した精神をもって、問題に正面から立ち向かうことができます。不必要に攻撃的にならず、他者を受け入れたり愛したりすることができ、大きく成長することができるのです。心理学では、この「愛されているという感情のもつ大きな力」が「心身の障害への治療効果」に大きく影響することが認められています。

カウンセラーは、この「受容の力」の偉大さを実証した仕事です。

優秀なカウンセラーを前にすると、人は「この人に話を聞いてもらいたい」「悩みを打ち明けたい」という気になります。自分が何を言っても、どんなにイヤな面をさらけ出してもこの人は自分を受け入れてくれる——そう感じたときに、人は心を開き、悩みを打ち明け、問題を明らかにすることをいとわなくなります。優秀なカウンセラーとは、助けを求めてきた人が「私は本当にこの人に受け入れられている」と感じる人なのです。

カウンセラーというと、身の上相談か何かのように助言してくれる人のようにとる人もいますが、カウンセラーはクライアントの中に自分を信じる力を育て、自分の思考や感情で判断する力と自信をつけるように方向づける人です。ですから基本的に解決策を示したり、自分の価値判断を下したりはしません。受容を示すことで、本人が自ら力を取り戻していく手助けをするのです。

そしてこの「受容の力」はカウンセラーばかりでなく、心身の悩みに対応したり人の成長に関わる仕事の人、つまり親、教師、医師・看護師といった教育や医療にかかわる人が共通して認識してきた力なのです。

さて、そこで大事なのは、親が子どもを受容していることと、子どもが「自分は受容されている」と感じることとは、また別だということです。「親子だから黙っていても愛情は伝わっているはず」という思い込みは危険です。子どもを受容しているなら、そのことを子どもにわかるように伝えなければなりません。

これから親と子が互いに多くの問題を解決していこうとするときに、子どもの側に受容されているという実感がなければ、対話の中でホンネを出したいとは思わないでしょう。受容するということは、親が考えている以上に子どもに大きな力を与えます。さらに大きな力にするためには、「私はあなたを受け入れている」ということを積極的に伝え、形で示さなければなりません。

カウンセラーは、クライアントが「自分は受け入れられている」という実感をもつようなコミュニケーションの能力をもっています。だからこそゴードン博士は、カウンセラーの使うその同じ技術を親にも伝えようとしたのです。

＊——伸びやかな成長を妨げる「お決まりの12の型」

子どもが何か悩みをかかえているとき、つまり「子どもが問題をもつ」とき、子ども自身が受け入れられていることを実感しながら、建設的に話が進んでいく対話——これを心理学者は「治療的コミュニケーション」と呼びます。子どもに自分の価値や能力を信じる気持ちを育て、自分で判断する力と自信をつけるという、治療的効果を及ぼすからです。

それに対し、「非治療的言葉」もあります。これは「治療的コミュニケーション」とは反対に、自分が受け入れられていないと感じ、自分はダメなんだと思い、罪の意識をもったり、相手に価値判断を下されていると感じたり、自分を防御したくなったり……伸びやかに建設的に成長していく力を妨げる働きをするものです。破壊的なものすらあります。

それには次のような12のパターンがあります。私たちはこれを「お決まりの12の型」と呼んでいます。

1　命令・指示

何かをするように（しないように）言う、命令する。

「片付けなさい」

「勉強しなさい」

「外に行って遊んでらっしゃい」

「文句言わないの」

2　注意・脅迫

ある行動をすれば思わしくない結果になることをにおわせる。

「そんなことをしたら、あとで困るわよ」

「妹をいじめるようじゃ、よその家には遊びに行けませんよ」

「自分のためを考えるなら、そんなことはしないほうがいいんじゃないか？」

3　訓戒・説教

何をすべきか、何をすべきでないかを言う。

「問題から逃げるもんじゃないぞ」

「正しいと思うなら、ちゃんと主張すべきだろう」

「お年寄りには親切にするものよ」

4　講義・理詰めの説得

親の知識や経験が子どもより多いことを裏付けに論理を展開し、子どもの判断に影響を与えようとする。

「大学を卒業するのとしないのとどう違うか、検討してみよう」

「子どものときに無責任なままで育つと、大人になって責任を果たせと言われても、急にはできないもんだよ」

「社会はこういう仕組みで動いているわけだからね」

5　助言・解決策などを提案

どうしたら問題が解決できるか、助言、提案を与える。子どもに代わって答えや解決策を出してしまう。

「○○ちゃんに、うちにも遊びに来てって誘ったらいいんじゃない？」

「私だったら、進路のことはもっとゆっくり時間をかけて決めるね」

「先生に相談してみたら？」

「いまからでも全力を尽くしてがんばってみたら？」

6　非難・批判

子どもに対して否定的判断、評価を下す。

「あんたって本当にダメね」

「考えが足りないんじゃないか」

「何をやっても長続きしないんだから」

「おまえの考えにはまったく賛成できないよ」

7　悪口・侮辱

「おまえは甘ったれだ」

「はいはい、このお利口さん」

「行儀も何もない、動物みたいに行動しているじゃないの」

「あら、一人前のことを言うじゃないの」

8　解釈・分析

なぜそんな言動をするか、子どもの行動の動機や原因を分析したり解釈したりする。子どもの気持ちがわかっていることや、子どもの診断をすませたことを伝える。


「弟にやきもちをやいているだけでしょ?」

「私の邪魔をしようと思ってそう言うのね」

「本当はそんなこと考えてもいないくせに」

「成績が下がったんで、そんなふうに考えるんじゃないの?」

9　同意・賞賛

肯定的評価、判断を示す。同意する。

「でも、私はおまえをきれいだと思うよ」

「あなたはやればできる子なんだから」

「おまえの言うとおりだ」

10　激励・同情

子どもの気持ちをよくして、いまの状態から抜け出させようとする。子どものいまの感情は強いものでないと思わせようとする。

「明日になれば、また違うふうに感じるんじゃないの?」

「子どものころはみんなそんな経験をするものよ」

「心配しなくても大丈夫」

「私もそんなふうに考えてたよ。学校は退屈なときもある。わかっているよ」

「おまえは、ちゃんとやってるじゃないか」

11　質問・尋問

原因、動機、理由を知ろうとする。親が自分で問題を解決するのに役立つ情報を子どもから得ようとする。

「いつからそんなふうに感じはじめたの?」

「どうして自分は学校が嫌いだと思うのかな？」

「その子たちがどうしておまえといっしょに遊びたくないのか、理由は聞いたの？」

「だれが、そんな考えをおまえに植えつけたんだ？」

「大学に行かないでなにをするんだい？」

12　ごまかす・皮肉

問題から子どもをそらせようとする。親自身が問題から逃げる。子どもの注意をほかへそらす。冗談や皮肉にまぎらわせる。

「そんなこと忘れなさい」

「まあいいじゃないか。もっと楽しいことを話そうよ」

「バスケットボールのほうはうまくいっているのかね？」

「ま、できるだけのことをするしかないね」

「何か、食べない？」

＊――12の型の向こうに子どもが受け取るもの

たいていの親はこれらをごく日常的にくり返しています。「これじゃ、どう口をきけばいいかわからないじゃないか」と思う人もいれば、「これでうまくやってるから問題ない」と思う方もいらっしゃるでしょう。

本書で取り上げているのは、親子のあいだにかかっているはずの心のかけ橋が、気づかぬうちにはずれていたという事態にならないように、という予防的な意味が強いのです。ですからすでに十二分な信頼関係が築かれ、言葉の基盤に愛情を実感しているという場合なら、そう神経質になることはありません。それでも体系的なコミュニケーションの方法を学ぶことで、より豊かな本音のふれあいが可能になるのです。

ビジネスマンの中には、高校生の息子とうまく会話ができないのに、仕事の折衝では互いに本音を出しつつ、しかも協調して友好的な信頼関係が築けるという人はたくさんいます。仕事の場は家庭の場よりも親業のメソッドが使われやすいところです。意識的にせよ無意識にせよ、そのノウハウがある程度体得されていて、必要となれば即このメソッドでコミュニケーションできる。それが本来のビジネスにおける対話です。しかし、それが子どもに対してはできない。ではなぜできないか——それを考えればいいわけです。

また、恋人同士や親しい友人同士なら、「バカ！」という言葉も両者の密接な中を確認し合う楽しい会話ですし、「こんな仕事じゃダメだ！　やり直してこい」も、上司の信頼感と期待がわかっていれば、部下を発奮させる叱責となります。

■子どもの心を閉ざす「お決まりの12の型」

――子どもが「学校行くのいやだなー」と言ったとき――

1. 命令　「文句ばかり言ってないで、さっさと行きなさい」
2. 脅迫　「そんなことをしたら、困るのはあなたよ」
3. 説教　「わからないことを言わないの。もうお兄ちゃんでしょ」
4. 講義　「学校へ行くのをイヤだと思わなければいいのよ」
5. 提案　「車で送ってあげよう」
6. 非難　「おまえは、まったく怠け者だ」
7. 辱める　「甘ったれ！」
8. 解釈　「成績が下がったから、そんなふうに思うんじゃないの？」
9. 同意　「行きたくなければ、行かなくてもいいよ」
10. 激励　「頑張って行ってごらん」
11. 尋問　「何かイヤなことでもあったの？　いじめられているの？」
12. ごまかす　「さあ、さあ、ごはん食べて！」

これは親子の場合も同様です。ただし前章で述べたように、「親子だから愛情がわかっているはずだから大丈夫」という思い込みの落とし穴は、とても大きいのです。

12の型の言葉から、子どもは国語学的意味以上のメッセージを受け取っています。

たとえば子どもが「タケシ君が一緒に遊んでくれない」と文句を言ったことに、「タケシ君が何か嫌がるようなこと、したんじゃないの？」とか「タケシ君にもっと優しくしたら？　そうしたらタケシ君も一緒に遊んでくれるわよ」と答えたとしましょう。子どもが受けるメッセージは、まず「お母さんは状況がわかっていないし、自分の気持ちもわかっていない」であり、「お母さんは僕が悪いと思ってる」ということです。

「学校なんて行きたくない」という子どもに「だれでもそう感じることはあるよ。そのうち行きたくなるから」と言えば、子どもが受け取るメッセージは、「お父さんは気にしてない」「そんなに大したことじゃないと思ってる」「自分と同じ気持ちにはなってくれない」「真剣に考えてくれない」ということです。

もちろんきちんと言語化された認識として残るのでなく、からだの中にモヤモヤとした感情で、ただし「お父さんはわかってくれなかった」「自分は受け入れられなかった」という実感だけは明確に残るわけです。こんなことを何度もくり返して、自分は父親や母親からこう見られている、という認識を強めていくのです。

「お決まりの12の型」で対応された子どもの気持ちは、次のようなものでしょう。あなた自身がだれかに何かを打ち明けたり相談したときに返ってきた反応として、考えてみてください。

・話がそれ以上続けられなくなる。黙らざるをえない。
・反駁、反撃したくなる。
・自分はダメだ、劣っていると感じる。
・憤慨する。怒りたくなる。
・罪の意識をもつ。悪いと感じる。
・いまの自分では受容されないと感じ、自分を変えなければいけないという圧力を感じる。
・自分で解決できないと思われているように思う。
・自分は信用されていないと感じる。
・まるで子どもみたいに、あやされているような感じを受ける。
・自分のことを理解してもらえないと感じる。
・自分の感情には、当然の理由がないと思わせられる。
・焦燥感をもたされる。イライラする。

・反対尋問を受けるために証人台に立たされているように感じる。
・聞いている相手は、全然興味をもっていないと感じる。

＊――コミュニケーションの扉を開く「受動的な聞き方」

では「お決まりの12の型」に属さない聞き方、つまり自分が相手を受容していることが相手にきちんと伝わる言い方にはどんなものがあるでしょう。

それには次のような三つの聞き方があります。

1　沈黙
2　あいづち
3　うながし

最初の沈黙というのは、「何も言わない」という聞き方です。すなわち、相手が話すことを受け入れる、少なくとも自分が話すことで邪魔をしないというのが黙るということなのです。それでも十分に相手を受け入れていることが伝わります。もちろん「沈黙」は無視を伝える場合もありますから、相手の目を見たり軽くうなずいたり、身体のメッセージが大事です。

次は父親と中学生の女の子（十三歳）の対話です。

娘　今日、数学のスズキ先生ね、一時間お説教だったんだよ。
父親　へえ？
娘　私たちのクラス、授業中に騒いでばかりでうるさいって。
父親　そう。
娘　でも、スズキ先生の授業って、ちっともわかんないんだもの。声もはっきりしないし、変なダジャレなんかは言うんだけど、ちっともおもしろくないんだもの。
父親　……。（黙っているが、ほほえんでいる）
娘　国語のサイトウ先生ね、厳しいし、冗談もダジャレも何も言わないけど、でも授業がすごくおもしろいの。
父親　ふーん。
娘　サイトウ先生なんて女だし、からだも小さいし、体罰も何もないでしょ。それでいてヤマダ君もヨシダ君も（二人ともワルと評判高い男の子）も、ちゃんと静かにしてるんだから。ミホちゃんが言ってたけど、サイトウ先生だけは塾の先生より教え方がうまいって。よくわかるって言ってた。
父親　ふーん。
娘　みんなサイトウ先生みたいだったらいいのに。先生たちのお給料って、教え方の上手下手とは関係ないの？

父親　ふん。（首をかしげて、よくわからないという素振り）

娘　でも、まあ、いつもいい先生ばかりにあたるわけでもないし。……高校に行っても大学に行っても、いい先生とイヤな先生はいるもんね。イヤな先生だからって勉強しないでいたら、自分が損しちゃう。

父親　……。（ほほえむ）

娘　そうだ、今度の数学の時間は、事前に教科書読んで問題集やっていこう。

話を聞いてもらって胸のうちを吐き出すことですっきりし、また話しているうちに「ま、別にそうムキになるほどのことでもないか」とか「何だ、こうすればいいんだ」と、解決策が浮かぶ――こんな場面は、大人の私たちが日常よく経験することです。

この場合、父親が「まったくいまの先生はなってないね」とか「先生の悪口を言うもんじゃないよ」と言っていたら、話すほうは自分で解決策を導くことはできなかったでしょう。

＊――もっと話すことへの招待

二つ目の「あいづち」、三つ目の「うながし」について、ゴードン博士は、「もっと話すことへの招待」という表現をしています。

どちらも子どものメッセージを受け取るために、こちらが積極的に話を聞いているということを伝え、もっとあなたの話を聞きたいのだということを相手に知らせる方法です。自分の考えや判断などは述べず、子どもが自分の考えや判断や感情を話すようにうながす方法です。

あいづちには次のようなものがあります。

「そう」　「本当？」
「まあ」　「まったく」
「ふーん」　「そりゃそうだ」
「おもしろいね」　「冗談じゃないね」

言葉で表現しなくても、うなずくなどの表現もこれに入ります。

話をうながすためには次のような言葉を使います。

「それについて話してごらん」
「そこのところ、もっと知りたいんだけど」

「君はどう思う?」

「何か言いたいことがあるんじゃない？　言ってごらん。聞いてあげるから」

「君には大事なことらしいね」


これらの「もっと話すことへの招待」の言葉には、「私はもっとあなたのことが知りたい」「あなたならどう考えるか、興味がある」「君から何かを学べるかもしれない」「ひとりの人間として君を尊重している」というメッセージが言外に込められています。

「お決まりの12の型」の向こうに込められたメッセージと比べてみてください。

ここで大事なのは、聞き手は、「もっと聞きたい」「私はあなたに関心がある」というメッセージ以外、話題の内容に関して自分の考えや判断を伝えるメッセージは送らないことです。なぜなら、聞き手が話し始めてしまったら、もはや聞き手ではなくなるからです。

受容を伝える言葉として、前項とこの項で「沈黙」「あいづち」「うながし」を挙げました。これらはいわばコミュニケーションの扉が開く言葉。やっと相手が話す気になったところで、扉が開いただけです。今度はその扉を開けたままにしておくことが必要です。

そこから先はもっと能動的な聞き方が必要になります。

その「能動的な聞き方」(アクティブ・リスニング)に対して、これまでの「沈黙」や「あいづち」や「うながし」は、パッシブ・リスニング――「受動的な聞き方」と呼ばれます。

実際の会話では、この受動的な聞き方と能動的な聞き方をミックスして使います。

能動的な聞き方については、次の章でご紹介しましょう。

■コラム② 父親の目があってこそ、子どもを受容できるゆとりが生まれる

「わが子なのに、息子をかわいいと思ったことが一度もない」「私は親の資格がないのだろうか」……こんな悩みをもつ親が少なからずいます。また、初めはかわいがって育てたのに長じるにつれてわがままや乱暴がひどくなり、「この子さえいなければ……」と思って、そんな自分にゾッとする。これまた少なからぬ親が経験していることです。

こうした例を見聞きした人は、一般に「子どもをそんなふうに思うなんて!」という反応を示します。子どもはそのまま受け入れられる存在と思うのです。私はそれは疑問です。

私が赤ん坊のかわいさを知ったのは、十歳下に妹が生まれて初めてです。それまでは近所の人が赤ちゃんをあやしていても、どこがかわいいのか理解できませんでした。私は日本に原爆が落ちた年の二月に広島で生まれ、母と私は六年間岡山の山奥の母の里で暮らしました。祖父母や叔父たち、それに動物たちに囲まれて自然の中でのびのび育ったのですが、でも小さい子どもは傍にいませんでした。

小一のときに東京に移り住んで、近所の人が赤ちゃんをあやすのを見ても、私は興味をもちませんでした。その後自分に妹ができ、日常の動作を目の当たりに見て、ものすごくかわいいと感じました。

母性愛は本能と言われますが、慣れていないものに対して本能的に愛情が生じるか、女性ならだれでも赤ちゃんをかわいいと思い、あやしたくなるかと言えば、私は自分の経験を振り返ってみても、疑問だと思います。こんなふうに対応すると泣いていた子も笑うとか、子どもはこうされると嬉しいのだとか、大人の対応と子どもの反応を見たり、自分との交流の中での子どもの反応を知ってかわいらしさがわかってくる。そんな要素があると思うのです。

子育てにはたいへんな能力を要します。現代は、狭い家の中の閉鎖的な空間で、若い母親が、夫の助けも祖父母の知恵もなく慣れぬ育児をする――これでは不安定な精神状態になって当たり前でしょう。親の不安は子どもにすぐ伝わります。ご機嫌な赤ん坊ならともかく、なぜ泣くかわからない赤ん坊に接していたら、かわいいと思う余裕がなくなります。

子どもを受け入れられない、というそのこと自体に悩み、自分を責めるのではなく、受け入れられないと感じることを認めることが出発点です。そしてどうしたら受け入れられるのかを考える――それにはちょっとした気持ちの落ち着き、冷静さ、ゆとりが必要です。

父親が外で働き、主に母親が育児を担当する家庭では、父親が関心をもって温かく妻の育児を見守ることが、母親の精神の安定に大きく影響します。母親のゆったり落ち着いた育児の陰には父親の存在が大きな影響を与えています。子どもと母親にとって、見守る目をもつ父親の存在意義は大きいのです。

第3章

子どもの心をつかむ「能動的な聞き方」

*――「聞くこと」と「尋ねること」は違う

講座にいらしたあるお母さんが、こんな話をしてくださいました。

私はいつも子どもの気持ちに敏感でありたいと願っていました。だから子どもの発信する信号はちゃんと正確に受け止めようと心がけましたし、子どもの話によく耳を傾けようとしていました。また、いろいろな講演会でも子どもの話を聞くことがいかに重要かを聞かされていたので、子どもの話をよく聞きました。

息子が小さいころは、公園で遊んで帰ってきたり、幼稚園から帰宅すると、「楽しかった？」「今日はどんなことをして遊んだの？」。泣きそうな顔をしていたりすると、「どうしたの？」。でもそういうときは、子どもはあまりきちんと説明しません。よく問いただしてこれこれのことがあったのだとわかると、「じゃ、こうしたほうがよかったね」とか「こうしたからこうなったんじゃない？」と優しく言っていました。

やはり幼稚園のとき、息子がお友達のお誕生会に呼ばれなかったことがありました。でも息子は呼ばれたから行くと言って出かけたのです。何日かして、別のお母さんの口からお誕生会そのものが開かれなかったことを聞きました。子どもがウソをついたわけです。なぜそんなウソをついたか聞きますと、「お母さんが怒ると思ったから」と答えました。お誕生会は開くものだし、自分も呼ばれるものだ、呼ばれなかったらお母さんがその家に「それは変だ」と文句を言いに行くと思った、と言うのです。

いくら冷静に振り返ってみても、私はよその家に何か文句を言いに行ったことなどないし、息子の前で「あの家は……」式のことを言った記憶もないのです。でも日ごろの私の言動や自分への接し方のデータを彼はいっぱい集めていて、「お母さんならこうするかもしれない」と〝行動予測〟をして、いろいろなことを不安に思っていたのだとわかって、がく然としました。とてもショックでした。

講座に来ているうちに、自分が「聞く」ことと「尋ねる」こととをごっちゃにしていたのに気づきました。親として、子どもに悪い状況が起きたらそれを聞き出して、いいアドバイスをしなければという思いがあったのです。だから私が子どもの話を聞くのは、聞いたあとで子どもにいいアドバイスをしたり、非難したりするための材料集め、データ収集をしていたのだと気づきました。だからお誕生会の件も、子どもは「お母さんならこうする」と予測し、話をしないほうが安全だと思って、言わなかったのです。

子どもが私をそう見ていたように、私もまた子どもを同じように見ていて、「彼ならこう考えるだろう」「こう感じているはずだ」と勝手に思い込んでいたことに気づきました。

親業訓練で学んだように、ちょっと「聞き方」を変えてみると、それだけでこれまでとはまったく別のコミュニケーションが生まれ、新たな会話がどんどん展開して、それまで見えなかった新たな息子の姿がどんどん見えてきました。それは新鮮な驚きでもあり、とても嬉しいことでした。


このお母さんが講座にいらしたのは、その息子さんが小学生のとき。この方のように、「聞く」ことと「尋ねる」こととを混同する例はとても多いのですが、「聞く」ことは「尋ねる」こととは違います。

この方が講座にいらしてしばらくしたとき、息子さんが「お母さんはこのごろとっても優しくなった」と言ったそうです。「私はそれまで自分をとても優しい人間だと思ってました。子どもにも優しく接していると思い込んでいたので、エッ、どうして今さら？　と思いました」とおっしゃっています。息子さんが「お母さんが優しくなった」と感じたのは、自分の気持ちを母親は聞いて理解していると実感したときなのでしょう。その息子さんもいまは大学生です。

この「聞く」という作業は、理論だけでは簡単にはつかめないところがあります。だからこそ親業訓練では体験学習を重視します。だれでも自分では「聞いているつもり」なのですが、それでは本当の意味で聞いているのではないことを、体験学習で味わってもらうのです。

ゴードン博士はあえてトレーニング、訓練という言葉を使い、テキストとなるべき本を出版することに対し、当初はなかなか乗り気ではありませんでした。それは講演でも活字でもわからない、やはり体験で学んでほしいという思いがあったからです。

＊――子どもの心を正確に受け取る方法

この章では子どもの気持ちを能動的に聞いていくという方法を述べます。

「能動的な聞き方」は、子どもの発信したメッセージを親が正確に受信したか、まずその確認をとって、子どもが伝えようとしたことを親が正しく理解したということを伝え、さらにその時点では子どもの中で言語化されていなかった漠然とした気持ちを整理して、次の思考に進む手助けをする働きをします。

子どもは発信したい内容を言葉という記号に置き換えて発信し、親はその記号を受信して子どもの発信を解読しようとします。

子どもが「夕ご飯、いつ？」と聞き、母親が「もうおなかが空いたの？　さっきあんなにおやつを食べたのに」と答えたとすると、それは「夕ご飯、いつ?」という受信した記号を、「この子はもうおなかがすいた。早く食べたがっている」と解読したということです。

でも子どもの発信したい内容は「夕ご飯までにもう一度外で遊んできたい。ご飯は遅くなるといいな」とか「七時からテレビを見たい。夕ご飯とぶつかったら見せてくれるかしら」であったかもしれません。

こういうときは、「違うよ、もう一度外で遊んできたいんだ」「あら、もう一度外で遊んできたいのね。お父さんが帰るまでどうせあと一時間くらいあるから、それまでならいいわよ」というやりとりが起こり得ます。母親はここで「もう一度外で遊んできたいのね」とくり返すことで、子どもの伝えたい内容を正しく理解したことを伝え、子どものほうも母親が正しく理解してくれたことを確認し、両者が安心して次の会話に発展する土台を確保することになります。

子どもが親に何かを伝えようとするときには、子どもの内部に何かしらが起こっているときです。言語能力が発達していない乳児の場合は、笑う、泣く、ぐずるといった表情から親はその訴えを読み取りますが、言語能力ができてくると、親はついその言葉の国語学的な意味にとらわれてしまいます。さらに「親子だから以心伝心でわかる」という錯覚のために、受信と解読の間違いに気づかずに過ごしてしまい、長い年月がたったときに、「い

■子どもの気持ちを確認する「能動的な聞き方」

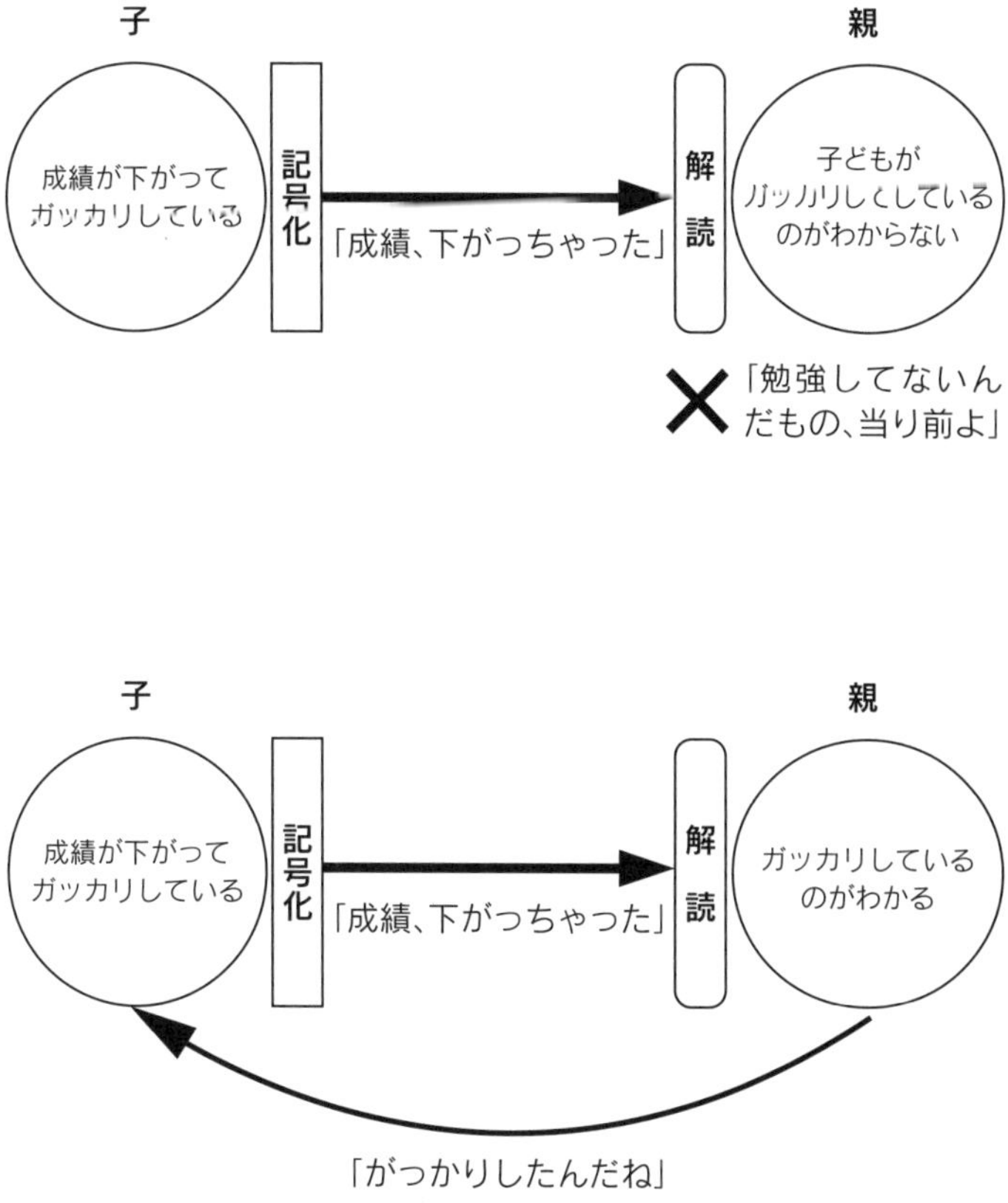

つからこんなに話が通じなくなったのだろう」と嘆くことになりかねません。

「夕ご飯、いつ?」のような単純な例ならともかく、不快な感情、心理的なモヤモヤはなかなか記号化できないものです。それは大人であれ同じです。

だからこそ、記号化された言葉から、記号化される前の「本当に伝えたい内容」「本当にわかってもらいたい感情」を能動的に聞いていく作業が必要になるわけです。とくに幼児の場合は、心理的な不安や緊張が「おなかが痛い」という記号となって発信されたり、忙しい母親にもっとかまってもらいたいとか、もっと自分に注目してもらいたいというメッセージが、「おなかがすいた」とか「幼稚園に行きたくない」という記号に置き換えられたりします。

能動的な聞き方とは、記号の正しい解読作業を通しながら、親が理解し、共感していることを、子どもにわかるように伝える方法です。さらには子どもが自分の感情を整理する手助けを得て、自分で問題の解決策を見つけ出すことも実に多いのです。

*――「能動的な聞き方」の三つの方法

1 くり返す

能動的な聞き方には、具体的には、子どもの言ったことを、

２　言い換える
３　気持ちをくむ

という三つの方法があります。

たとえば子どもが「いじめられた」と悲しそうに言ってきたとき、

１　いじめられちゃったんだね
２　嫌なことされちゃったんだ
３　いじめられたから、とってもつらいんだね（悲しいんだね）

どれも、「いじめられた」という記号から子どもの発信したい内容を確認して、聞き手がそれを理解していることを伝えています。

これはごく小さな聞き方の変化なのですが、子どもは親から投げ返された「くり返す」「言い換える」「気持ちをくむ」という言葉から、自分が理解と共感を得たことを実感します。

そして「理解と共感を得た」と実感することで、子どもは本当にびっくりするくらい変わります。これがどれだけ大きな力と変化を子どもに与えるか、実際に試してみるとよくわかります。

もちろん声や表情、身振りなど、とくに小さな子どもになるほどからだ全体で〝共感的理解〟を示しながら表現することが大事です。幼児の場合などは、しゃがんで子どもと目線を合わせたり、髪や肩に触れながら話すと、それだけで子どもは回復するものです。

【一歳の女児と母親の会話】

自宅間近の下り坂で、娘が急にころんで大泣きをする。

娘　ギャー。（大泣き）

母親　あら、ユカちゃんころんじゃったの。

娘　（大泣き）

母親　お顔すりむいちゃったのね。

娘　（大泣き）

母親　ここ痛かったねぇ、ユカちゃん。とっても痛かったでしょう。

娘　（少し落ち着いてくる）

母親　急につまずいて、びっくりしちゃったのね。驚いたねぇ。

娘　（泣き止む）

母親　ここ痛かったのね。すごく痛かったんだ。

娘　（機嫌を取り戻し、一人で立ち上がって歩きはじめる）

人は「理解してもらいたい」という基本的な欲求をもっています。次の例は、「理解してもらいたい」欲求がいかに強いかをよく表わしています。

【二歳の男児と母親の会話】

母親の電話中、子どもが米びつの中に手を突っ込み、米をつかみ取っては床にまき散らしている。母親の顔を見ては、もう一度まき散らす。この子どもはときどき米をばらまくときがあり、母親は「どうしてこんなことするの！」と怒ったり、ときに叩いたりしてしまう。

母親　（いつものように怒りたいのを我慢して、子どもの手を握ったまま）ケンちゃん、もしかして、お母さんが電話していたのが、つまらなかったの？

息子　うん。

母親　つまらなくって、お米を投げちゃったのかな？

息子　うん。

母親　そうだったの。お母さんの電話が長くて、それでお米を投げてたの。

息子　うん。（そのまま明るい表情で棚から卓上用の小さいほうきとちりとりを持ってきて）

おヨージ。

母親　お掃除してくれるの？

息子　（ばらまいたお米を片付けはじめる。本人は掃除しているつもり）

私たち大人でも何かのトラブルが生じたとき、「わかってもらえればそれでいいんだ」という言葉をよく口にします。なぜそうなったのか、自分がなぜそういう行動をとったのか、理解してもらえさえすればそれで満足だとか、自分の仕事がいかに大変かを周囲が認めてくれたときに仕事に対する不満が消えたとか、病気がいかにつらいかをわかってもらえるだけで楽になるとか、こうした経験はだれもが多かれ少なかれもっています。そしてまた「あの人は私を理解してくれている」と思う人が自分を見てくれていると思えると、仕事であれ何であれ、力が湧いてくるものです。

次の例は、三歳の男の子が、能動的に聞くお母さんと、そうしない叔母さんに対して、まったく違った反応をしています。この違いが、男の子と二人との関係を如実に示しています。

【三歳の男児と母親と叔母との会話】

ヒロシが母親と叔母に連れられて近くのデパートに買い物に行った帰り道の横断歩道。母親が十一カ月の弟を抱いたまま先に渡り始めたところで赤信号になり、叔母とヒロシが残される。家も近く、赤ん坊が重いので、信号を渡りきった母親は待たずにそのまま歩き続ける。

ヒロシ　お母さーん、待ってよー。行かないでー。（泣き出す）
母親　大丈夫よ。ここにいるから。（止まって待つ）
ヒロシ　（渡ってきてもまだ泣いている）
母親　ヒロちゃん、お母さんが先に行ってしまったから心配になっちゃったのかな。
ヒロシ　うん。（ピタッと泣きやむ）
叔母　ヒロちゃん、男の子でしょ。男の子はそんなことで泣かないの。
ヒロシ　（ワァーッと泣く）
母親　ヒロちゃんは、お母さんがどこかに行っちゃうんじゃないかって、心配になったのね。
ヒロシ　うん、僕、心配になったの。（また、ピタッと泣きやむ）
叔母　何言ってるのよ。ヒロちゃんのおうちはもうすぐそこじゃない。おばさんだっているのに、泣いたりして、おかしいなぁー。

ヒロシ　（またワーッと泣く）

お母さんは、「こんなにも子どもの反応が、はっきりと対照的なかたちで現れて、驚いた」と感想を述べておられました。

「親業」は最近、幼稚園や小中学校などの教育現場でも実践するところが増えています。次の例は福岡県のある中学校からの報告です。

【中学三年生男子四人と学級担任の会話】

F教諭のクラスでは、九月のはじめごろから、B、C、Dが廊下でAを待ち伏せては小突きまわすようなことが重なり、十一月にはAの顔を殴るという事件になった。Bがカッとなって殴り、Aが倒れたところを皆で蹴った。

Aは他の生徒からすると「波長が合わない」というか、その言動の感覚がどうもしっくりこないという生徒も少なくないが、F教諭の目には、飄々《ひょうひょう》としたおもしろい生徒。B、C、Dも、気持ちよくつき合える生徒たちである。はずみで起こったケンカならともかく、彼らの行動のしつこさがF教諭の腑《ふ》におちない。

以下は、F教諭が彼らと行ったやりとり（沈黙の時間が長く、一時間以上かかっている）

を整理したものである。

教師　なぜこんなことになった？　話が聞きたいな。

（三人とも黙っていたが、しばらくしてＢが）

Ｂ　Ａ君の性格や態度がムカつくからです。

教師　ふーん。性格や態度？　……どんな？

Ｂ　うーん（言葉にしづらそう）……Ａ君は、僕らがムカつく性格や態度を変えてくれないんです。

教師　（「ムカつく性格や態度」が具体的にどんなことかは要領を得ぬままに）Ｃ、Ｄはどうなんだ？

ＣＤ　同じです。

教師　Ａがムカつく性格や態度を変えてくれない……。ということは、君たちは、Ａに性格や態度を改めてほしいと訴えるつもりでやっていたのか。

Ｂ　……だいたい、そうです。

教師　だいたい？　だいたいというと？

Ｂ　……憂さ晴らしみたいな気持ちも、少しあったと思う。

教師　すると、性格や態度を変えてほしいというのが大部分で、憂さ晴らしみたいなものも少し混じっていたわけね？

三人 そうです。

(それまで黙っていたAが宙をにらみながら)

A 僕は、周りの人たちの気持ちに鈍感だったなぁと思います。……それに意地もあって、やられた後でも「またバカどもにやられたわい」とか。わざと聞こえよがしに言ったりしてました。

教師 ……相手の気持ちは考えないで、「誰が変えるか！」という気持ちだけが強かった？

A はい。

B (すかさず) 人格なんてものは、変えろと言われても、そうそう変えられるものじゃないから、別に変えなくてもいいんです。ただ、変える努力をしてほしい。

教師 結果はともかく、努力を見せてほしいわけね。

三人 そうです。

これに続いて、双方とも努力をするということで合意が成立したが、その後問題は起こっていない。

また、彼らの話から、生徒全体にBたちの行動を肯定する空気のあったこともわかった。クラスでこの件について話し合いをすると、生徒たちは真剣に受け止めたらしく、中の一人が嫌がらせをする側の心理を一般論として補足するように、「自分が優越感をもっている相手が生意気な口のきき方をしたりすると、ムカついて、嫌がらせをしたくなる。べつにていねいな言葉遣いでなくていいから、ふつうに友達として対等な口のきき方をしてくれればいい。そうでないと、何でこいつからこんな口のきき方をされなきゃならないのかと思って、無茶苦茶ムカつく」と発言した。

F教諭は、他の生徒からするとそれがAの「ムカつく性格や態度」なのかと思案しつつ様子を見守っている。

＊——理解してもらったというそれだけで……

体内にあるモヤモヤとした感情が相手にわかってもらえたということで、子どもはその感情による束縛から解放され、さらなる課題に取り組むことができます。自分の感情を言語化して整理できたことで、子どもは次の思考の段階に進むことができ、自分で問題の解決策にたどりつくことができるのです。

【幼稚園の女児（五歳）と母親の会話】

幼稚園でマラソンが始まってしばらくたった日。マラソンがあった日の夜、思いだしたように母親に話しだす。

娘　あしたセキが出るから、幼稚園行きたくないなぁ。

（その日の朝は、セキをしていたが、その後はぜんぜんしていない）

母親　セキが出るから、幼稚園行きたくないのね。

娘　そう。それにマラソンのとき、ムッちゃんが後ろから押すんだもの。

母親　ふうん、マラソンのとき、ムッちゃんが押したの。

娘　押したら危ないのに、私のこと押すの。

母親　ムッちゃんに押されたんで、マラソンがイヤになったのね。

娘　そう。……でも私、本当はムッちゃんの前じゃないから、私は平気なんだ。

（ケロリとして遊び始める。話してすっきりしたという表情）

こういったケースは、「理解してもらった」というそれだけで問題が解決してしまう例です。

■言葉と気持ちはズレていることが多い

子どもが記号化したメッセージ	子どもが感じていること
「どうして勉強なんかしなくちゃならないの？」	●間近に迫ったテストが気になってしかたがない。
「○○ちゃんは、うぬぼれ屋だ」	●自分は○○に拒否されている。好かれていない。
「美術なんて、大嫌い。弱虫がやることよ」	●絵画コンクールの結果に失敗して、くやしい。
「今、何時？」	●お腹がすいた。
「○○さんなんて、殺してやる」	●学校の休み時間に仲間はずれにされてつらい。
「塾に行きたくない」	●塾のエレベーターの中でチカンにあって、エレベーターに乗るのがこわい。
「希望校書かなかったの、クラスで僕一人だけだったよ」	●各高校の特徴がわからないので困っている。
「新しいゲームを貸してって言う○○ちゃんって、ずうずうしくてイヤだな」	●私より○○のほうがゲームが上手になると、悲しい。

上記はメッセージを額面どおりに受け取ると、子どもの心がわからない。子どもは自分のことをわかってくれないと考えるようになる。

言葉の背後にある子どもの気持ちをくみ取ることが大事

↓

能動的な聞き方

【小学生の男子（八歳）と母親の会話】

子どもがスイミングスクールから帰ってきた。

息子　今日、コバヤシ先生休みやったで、タカダ先生にバタフライ教えてもらったわ。

母親　タカダ先生に教えてもらうほうが、好きみたいやね。

息子　そりゃ、コバヤシ先生はよう叩くでイヤやもん。体じゅうビーンとしびれちゃうよ。だれだって、優しいほうが好きに決まっとるでしょう。

母親　そんなに叩かれちゃ、そりゃ、イヤやね。

息子　コバヤシ先生ね、真剣に教えてるのにって、だらけたりすると怒って叩くよ。この子ならと信じてるのに、先生を裏切るもんで、叩くんだ。

母親　ふーん、だらけてると叩くんやね。

息子　うーん、うまくできたときでも、おい、やるやないかといって頭叩くんやけどね。でもそのときはそんなに痛く感じんし、イヤやない。

母親　そうか。うまくできたときは叩き方が違うんやね。

息子　僕って、体を強くするために入っとるだけで、水泳がうまくならんでもいいって気持ちでやっとるでしょう（気管支ぜんそくのために体づくりのつもりでスイミングに入った。このごろ丈夫になってきている）。コバヤシ先生の思っとるとおりにやれればいいんだけど。

母親　コバヤシ先生の気持ちがわかるんやね。

息子　先生ね、僕のこと、オリンピックを目指しとるんやないかと思っとるかもしれんよ。アッハッハ。

母親　そこまで思ってもらえて嬉しいね。

息子　これからは、僕は僕の考えでいくでね。

母親　ふーん。自分の考えって、もう決まってるんやね。

息子　そうや。まず、先生に注意されんように、必死にがんばる。それから自分の力をふりしぼって、雑巾絞るときみたいに（本当に雑巾を絞るまねをする）持っとる力を全部出す。

（そばで、今日から一緒にスイミングに通い出した弟が聞いている。その弟に）ヒデちゃんも、今日から一緒に入ったで、自分の力を全部出すと、言ってみやぁ。

弟　自分の力を全部出す！（何かよいことを言っていると思うのか、照れているのか、ニコニコ）

母親　すばらしい考えやね。カズ君の考えに握手しよ。

子どもたち　握手！

*――眠れない子ダニー

能動的な聞き方をしただけで、思いもよらない子どもの深い心理問題が解決した例もあります。これはゴードン博士が著書『PET』の中で挙げたたいへん興味深い事例です。

【ダニー（八歳）と母親との会話】

ダニーは五歳のころから不眠が始まった。次の対話が交わされる約八カ月前に、二人の弟と一緒だった子ども部屋から本人の希望で自分一人の部屋をもらったが、そのころから不眠がとくにひどくなった。母親は、以前に親業の訓練を受けたことがある。この例の中でも「お決まりの12の型」の反応をいくつか使っているが、主に能動的な聞き方に頼っている。

母親　もう遅いのよ。電気を消して寝なさい。
ダニー　僕は寝ないんだ。
母親　寝なくちゃだめよ。もう遅いのよ。明日疲れてしまうわ。
ダニー　僕は寝ないんだ。
母親　（きつく）すぐに電気を消しなさい。

ダニー　(きっぱりと) 絶対に寝ない。

母親　〈この子を殺したいぐらいだわ。ひどく疲れているのに。もう今晩は我慢できないわ。……台所でタバコを一服してから、とにかく死んだつもりで能動的な聞き方をやってみましょう!〉

――数分後――

母親　(ダニーの部屋に入りながら) さあ、もう遅いのよ。でも、ちょっとあなたのベッドに座って足を休めてから、お皿を洗うことにするわ。(ダニーから本を取り、戸を閉め、電気を消して、ベッドの上で彼の隣に座り、背を壁にもたせる)。

ダニー　本をちょうだいよ! 電気を消さないで。部屋から出てってよ。ここにいてほしくないんだから。僕は寝やしないぞ。大嫌いだ!

母親　怒っているのね。

ダニー　そうだよ。学校なんて大嫌いだ。絶対もう行くもんか。絶対に!

母親　〈彼は学校が好きなのに〉おまえは学校にあきあきしている感じね。

ダニー　ひどいんだ。学校の成績もよくないし、僕にはなんにもわからないんだ。二年生でいたほうがいいんだ (いま三年生)。算数もわかりゃしない (算数は彼の得意の科目)。先生は僕たちを、高校生と間違えてるんじゃないのかなあ。

母親 算数はお前にはかなり難しいの?

ダニー 違うよ。やさしいよ。ただやる気が起こらないだけ。

母親 あら。

ダニー (突然に)僕は野球が大好きなんだ。学校に行くより野球をしていたほうがいいよ。

母親 本当に野球が好きなのね。

ダニー 大学って行かなきゃいけないの? (長男がまもなく大学に入学するので、それについて家庭内でいろいろ話が出る)

母親 いいえ。

ダニー いつまで学校に行かなきゃいけないの?

母親 高校を卒業するまでよ。

ダニー でも僕は大学には行かないよ。行かなくてもいいんでしょ、ね?

母親 そうよ。

ダニー そうか。僕は野球をするよ!

母親 野球は本当におもしろいわね。

ダニー　そうさ（まったく怒りは鎮まって、愉快そうに話す）。それじゃあ、おやすみなさい。
母親　じゃあ、おやすみ。
ダニー　ねえ、もう少しでいいから、僕といっしょにいてくれる？
母親　ええ、いいわよ。
ダニー　（自分が蹴とばしたベッドカバーをひき上げる。注意深く母親の膝をそれで包んで、上から軽く叩く）気持ちいい？
母親　ええ、ありがとう。
ダニー　どういたしまして（しばし沈黙。ダニーが鼻息を荒くする。大げさに喉と鼻を鳴らし、鼻で息を吸う）。ズー、ズー、ズー（ダニーは鼻づまりで多少のアレルギー性だが、その症状は急性ではない。こんなふうに鼻息を荒くするのを、母親は前に見たことがない）。
母親　鼻が気持ち悪いの？
ダニー　うん、そうなんだ。鼻づまりの薬をつけたほうがいいのかなあ？
母親　そうすると楽になると思う？
ダニー　うん（ズー、心配顔で）。あーあ、寝ているときに鼻で息をしなくてもいいんだったらいいのに。

母親　（ビックリする。どこでそんな考えを得たか聞きたい気持ちにかられる）寝ているときには、鼻で息をしなくちゃいけないと思うの？

ダニー　そうだよ。そうしなきゃいけないいんだよ。僕、知っているんだ。

母親　本当にそうなの。

ダニー　そうだよ。ずっと前にトミーがそう言ったよ（ダニーより二歳年上の子で、ダニーが憧れている）。トミーがそうしなきゃいけないって言ったよ。寝ているときは口で息ができないんだ。

母親　そうしちゃいけないっていうこと？

ダニー　できないんだよ（ズー）。ママ、そうでしょ、ね？　寝ているときは鼻で息をしなきゃいけないいんだよね、そうでしょ？

（母親がいろいろと説明する。ダニーは憧れの的のトミーについてあれこれ尋ねる）

ダニー　トミーは嘘なんか言わないよ。

母親　（トミーは教えてくれようと思ったに違いないが、子どもは間違いを覚えていることもあるもんだ、と説明する。だれでも寝ているときには口で呼吸する、

ダニー　という点をとくに強調して話す）
母親　（非常に安心して）そうか。じゃ、おやすみなさい（楽に口で呼吸をする）。
ダニー　おやすみなさい。
母親　（突然に）ズー。
ダニー　まだこわいの。
母親　うん。ねえ、ママ。口で息をしながら寝て、もし僕みたいに鼻がつまっている人が、グッスリ寝ているときに口を閉じたらどうなるの？
ダニー　（何年間も寝るのを恐れていたのは、窒息することを恐れていたのだと気づく。「かわいそうなダニー」と思う）。もしかしたら窒息すると思って恐いのね？
母親　うん。どうしても息をしなきゃいけないから（「僕、死ぬかもしれない」とは彼は口には出せない）。
ダニー　（もっと説明してやる）そんなことは起こるはずないのよ。口が自然に開くわ。心臓が血液を押し出したり、眼がまばたくのと同じよ。
母親　本当？
ダニー　ええ、本当よ。
母親　そうか、おやすみなさい。

母親　おやすみ、ダニー（キスする。ダニーはすぐに寝入る）。

こういう例は、カウンセラーなどの専門家の手を借りてはじめて解決するような問題とも言えます。普通の親が子どもの心に耳を傾ける技術を身につけることで、わが子を助けられたのです。

学んでいなくても自然とこういう話し方のできる人がいます。こういう人に対しては自然と心を開くものです。それがいわゆる「聞き上手」と言われる人なのでしょう。

＊――「能動的な聞き方」は魔法の杖ではない

能動的な聞き方は、親業訓練講座で学んだ人が早速家庭で実行してみると、たいていはびっくりするくらいの変化をもたらします。思いがけない子どもの気持ちも急にいろいろ見えてきます。「聞く」ことで事態がどんどん好転していくのです。

それで嬉しくなって、能動的な聞き方がつい万能の魔法の杖のように勘違いすることがあります。その力で相手を自分の望む方向に変化させようと思ってしまうのです。

しかし、相手を操作しようとする試みは失敗します。

たとえば子どもが風呂に入らないと言うので親が困ったと思っているとき。能動的聞き方で「お風呂に入りたくないのね」と言ったら、子どもは即「うん！」と言うでしょう。が、これで風呂に入れたいと思っている親の思いが伝わるわけではありません。能動的な聞き方はすべての問題解決に有効なわけではないのです。

第1章で挙げた「問題所有の原則」を思い出してください。「問題」とは、相手の行動が自分にイヤな気持ちや不安な感情など、否定的な感情を起こさせるものを指します。

能動的な聞き方が適しているのは、問題を抱えているのが子どもである場合です。多くの場合、子どもが悩んでいることで親も共に（むしろそれ以上に）悩むので、「どちらが問題を所有しているか」はわかりづらいのですが、直接は子どもに起こった問題で、子どもがそのことで心理が不安定になっていることを親が受容できていれば、それは子どもの問題なのです。問題を所有して、悩み、解決策を考える権利は子どもにあるのであって、親がするのはその手助けなのです。

・友達から仲間外れにされて寂しそうにしている
・野球の選手に選ばれなくてがっかりしている
・大学に進むかどうか迷っている
・太っていると悩んでいる
・宿題をやるのがイヤ

・受験に失敗するのではないかと不安になっている

これらのようなケースは子どもの問題です。

でも、本人の感じ方は別として親がヤキモキしている場合は、問題を所有しているのは親です。この場合、親が自分の問題を解決するために、子どもに働きかけていくことになります。そのときは子ども自身の気持ちを聞くのではなく、自分の「イヤだ」とか「心配だ」という気持ちを語ります。「私があなたのこれこれのことでイヤな思いをしている」「私はあなたのこれこれのことを心配している」と、「わたし」の気持ちを語るところから、解決策を探る作業が始まります。こんなふうに自分の気持ちを語るやり方を「わたしメッセージ」と呼びます（「わたしメッセージ」については第4章で詳しく説明します）。

先に挙げたような、「子どもがお風呂に入りたくないと言う」ときは、それをイヤだと思っているのは親であって子どものほうは平気なのですから、親が「わたしメッセージ」を出すときです。その判断を誤って能動的な聞き方で操作しようとすると、結局「じゃ、臭くなってみんなに嫌われてもいいのね」なんて、子どもの気持ちを聞くふりをしながら親の結論を押しつけ、脅迫してしまうことになりかねません。

だから子どもの行動を受け入れられないときの自分の心理を確認するのは、とても大事なのです。それによって使う方法が違うからです。そして「子どもを風呂に入れたい」という自分の気持ちをよく考えてみて、「なんだ、別に一日くらい入らなくてもどうってことないじゃない」と考えたとすれば、そこで「風呂には入れなければならないと思い込んでいた自分」に気づくわけです。

子どもの何かの行動や様子で自分の心理が乱されたとき、自分はどう感じているのかに注意を向け、問題の所有権がどちらにあるのか、その判断が的確にできることが大切です。

＊——心なき技術は失敗する

このお風呂の例のように、いかにも子どもの気持ちを聞きたいというポーズをとりながら、子どもを自分の望む方向に誘導しようという試みは間違いです。親業のメソッドとは言っても、人を思いのままに操作するためのものではありません。あくまでも、親と子の互いの心を通じ合わせるためのメソッドなのです。

次に、能動的な聞き方で誘導しようとした三つの例を挙げます。

【中学生の男子と母親の会話】

息子　あーあ、疲れた。がっかりした。やっぱりレギュラーにはなれなかった！

母親　がっかりしたのね。（冷たく）

息子　あたりまえだろう。オレだってあんなに練習してたんだ。
母親　そうね。あなたにしては練習もしてたしね。
息子　ほかのやつらはもっと練習してたって言いたいわけ？　どうせオレはまじめじゃないよ。どっちにしても選手は決まったんだ。
母親　もう決まったから、いまから練習しても無駄だってことね。（母親は彼女自身のメッセージをここで送っている）
息子　今からでももっと練習しろってこと？（息子は母親の本当のメッセージを聞いた）
母親　そりゃそうよ。レギュラーだって、何かの事故で補欠が必要なこともあるでしょ。どっちにしたって、練習しておいたほうが自分自身が伸びるじゃないの。（母親自身の解決策を押しつけている）
息子　うるせえな！　どうせオレはダメなんだ。

この母親は、能動的な聞き方を、子どもを親が望ましいと思う方向に導くための巧妙な技術と錯覚したのです。

【小学生の女児と母親の会話】

娘　ああ、疲れた。指も痛い。私ピアノ、イヤ。もうピアノやめる！
母親　疲れたのね。今日は疲れたからピアノを弾きたくないのね。
娘　違う！　もうずっとイヤなの。やめたいの。

これは親が自分の希望であるメッセージ、「たまたま今日は疲れただけ。一時的なものだから、明日はまたピアノを弾く」を巧妙に刷り込もうとした例です。女の子は、親が自分にどうあってほしいかを察し、第二のメッセージで親の言うことを強く訂正しています。

【高校生の男子と父親の会話】
息子　援助交際って、別に悪くないと思うよ。両方合意なんだし、だれにも迷惑かかるわけじゃないし。警察で取り締まったりする必要はないよ。
父親　ほう、おまえは援助交際なんて警察は野放しにしておいていい、そして中絶だの性病だのがもっと蔓延していいと言うんだな。

この父親は、あきらかに援助交際に対する子どもの考え方を変えさせようとしています。親自身のメッセージを、いかにもフィードバックするかたちで返しているのです。正確にフィードバックするなら、「援助交際は警察で取り締まったりする必要はない。そうおまえは考えてる、そうだね？」となるでしょう。

また、能動的な聞き方で心の扉を開けてはみたものの、途中で扉をピシャッと閉めるようなこともよく起こります。

【小学生の女児と母親の会話】

娘　おかあさん、明日の給食、何？

母親　（給食の献立の紙を見て）カレーライスよ。

娘　ええっ、カレーライス？　イヤだなぁ、明日学校休みたいな。

母親　明日は学校に行きたくないの？（能動的な聞き方）

娘　うん。だってカレーライスの中にニンジンが入っているもん。

母親　ニンジンがイヤで学校に行きたくないのね。（能動的な聞き方）

娘　うん。だって残すと先生、ダメだってすごく怒るもん。すごくイヤな先生。

母親　先生をそんなふうに言うもんじゃないわ。（評価、説教）

娘　だって、みんな嫌ってるもの。

母親　みんなが嫌ってるからって、自分も嫌うことはないじゃないの。（説教）

子どもの気持ちを聞き出すだけ聞き出し、本当の気持ちが出ると、自分の教訓や評価、判断をするのでは、子どもは懲りて、だんだん本当のことを話さなくなります。

＊――子どもの覚えは早い？

私たち親業訓練講座の中でも、能動的な聞き方を使いはじめたころの方からは、つい笑ってしまうような失敗談も聞きます。

ある若い方ですが、夫が「ただいま」と帰宅するとき、たいてい「ああ、疲れた」と口にするので、いつも「お帰りなさい。お疲れになったのね」と言っていました。ある日のこと、いつものように「お疲れになったのね」と言うと、夫が「おまえはいつもワンパターンだなぁ」。話を聞くと、小さなマンションで玄関とキッチンは直結、妻のほうはキッチンで料理しているまま、夫のほうも見ずに「お疲れになったのね」をくり返していたとか。このときの言葉は、気持ちを通わせるための言葉ではなく、決まり文句でしかなかったのですね。これではうまくいくはずがありません。

また、それまであまり親子のコミュニケーションのなかった人、一方通行の会話しかしてこなかった関係では、親が突然変わると、子どもはびっくりします。中には急に「～だったんだね」「～なんだね」を連発して、子どもに「気持ち悪い！」と言われた気の毒な方もいます。

あるお父さんの話。いつもどおり夜遅く帰宅すると、高校二年生の女の子が「お父さん、お帰り」と言ったあとで、「お父さん、私エレクトーンがうまくなったから、ピアノ買ってもいい？」。お父さんは習ったばかりの能動的な聞き方で、「ふうん、エレクトーンがうまくなったのか」「うん、だからピアノ買ってね」「ピアノが欲しいんだね」。するとそのお嬢さん、突然後ろを振り向いて、「お母さん！　お父さん、変だよ」。

このお父さんは塾で働いていて、塾は夕方から夜がいちばん大事な営業時間ですから、自分の子どもと接する時間が少なかったのです。その少ない時間の中でも、それまでの自分の対応がいかにこれと異なるものだったかを痛感したということです。

また、母親がまだ慣れないのに子どものほうが覚えが早い、ということもあります。すでに親の言語パターンと一緒に、思考のプロセスも身につけているわけです。

【幼稚園児（四歳）四人の会話】
幼稚園の帰りに、門のところで、今日はだれの家に遊びに行くか、子どもたちで相談中。
ユカ　アヤちゃんの家に一度も行ったことないから、アヤちゃんの家に行きたい。
マサミ　私は行ったことがあるから、別の家で遊ぶほうがいい。

アヤ　マサミちゃんの家に行こうよ。
ユカ　マサミちゃんの家じゃなくて、アヤちゃんの家で遊びたい。
（互いに譲らず、どんどん時間がたつ。母親たちは気が気でない）
ケイコ　（それまで黙って三人の言うことを聞いていたが）
ユカちゃんは行ったことがないからどうしても、アヤちゃんの家で遊びたいのね。アヤちゃんは、マサミちゃんの家で遊びたいのね。私もマサミちゃんの家で遊びたいな。
ユカ　（泣いている）
ケイコ　ユカちゃんはアヤちゃんの家じゃないとイヤなのね。どうしようか。今日はマサミちゃんの家でみんなで遊ぶのはだめ？
ユカ　いい。マサミちゃんの家で遊ぶ。

四歳の子が、相手の意向をきちんと聞いて、しかも自分の主張もして、納得させて、遊ぶ先を決めたのに、お母さんたちはびっくりしました。もちろんケイコちゃんのお母さんが親業を勉強していたことが、ケイコちゃんのこういう言語行動に結びついたのです。

＊──疑問形のメッセージは要注意

子どものメッセージが奇妙な信号で送られてきて、子どもが何を考えているか判断しにくい場合があります。

「私って結婚することあるかしら?」

「死ぬってどんな気持ちかなぁ?」

「ねえ、お父さん、小さいとき女の子のどういうところが好きだった?」

この最後の質問は、ゴードン博士の娘さんが中学生のころ、朝の食卓で出たものだそうです。博士は自分の少年時代をすぐにでも語り出したい誘惑を抑えて、こんな対話を展開しています。

【ゴードン博士と中学生の娘の会話】

父親　男の子に好かれるには、自分に何が必要か考えてるみたいだね。違うかい?

娘　ええ。みんなどういうわけか私のこと好きにならないみたいだし、私にはどうしてだかわからないの……。

父親　どうして男の子がおまえを好かないのかわからないんだね。

娘　ただ、私はあんまり話をするほうじゃないの。男の子の前で話をするのはこわいのよ。
父親　男の子の前では、気楽にいろいろ話ができないのかね。
娘　そう。なんだかばかみたいなこと言いそうで。
父親　みんなにばかだと思われたくない。
娘　そう。黙っていればそういう危険もないもん。
父親　黙ってたほうが安全に思えるわけか。
娘　ええ。でもそうしたからって、よくなるわけじゃないわね。だって私は、一緒にいても退屈だってことになるんじゃないかしら。
父親　黙ってたからって、いいとは限らないんだな。
娘　そうよ。やっぱり話して、危険を冒してみなきゃダメなのね。

娘さんは父親の能動的な聞き方のおかげで、自分をちょっと変えてみるという解決策を考え出していきます。はじめに自分が「パパはこういう女の子が好きだったんだよ」と話していたら、こうはいかなかっただろうとゴードン博士は述べています。

ゴードン博士はこういう「疑問形のメッセージ」を重視しています。子どもがその言葉で示す以上に深い問題をもつときが多く、社会問題や哲学的問題、道徳問題――環境汚染、人口抑制、離婚、犯罪、暗殺、黒人問題、麻薬、セックス、妊娠中絶など――について考え、しかもそれについて親と話したいという欲求が出ているサインと見ています。

また、子どもが恋人とのデートや音楽やダンスなどの目先の楽しみばかりに目を奪われて、そうした真面目な問題にはちっとも関心がないと嘆く親が多いが、多くの親はたいていそうした話題にすぐに自分の批評を述べ、価値判断を示し、ときに説教となってしまう。自分から判断や批評を述べず、子どもの質問の意味によく耳を貸すようになると、食事中にもこうした話題が出てくるようになると述べています。

これは私たちの日本の親業訓練でも同様で、とくに思春期、青年期に、こうした対話がまじめに、ストレートに父親や母親とできることは、何ものにも代え難い財産のように思えます。人生や社会や幸福とは何かといった問題を通して自分を深く見つめるようになり、親とそれらの問題を共有しているという喜びがあります。思考能力もまた、格段に伸びます。こうした知的問題に応じるにも、能動的な聞き方は思わぬ効果をもたらすのです。

能動的な聞き方にせよ、これから後の章でご紹介する他の方法にせよ、どれもが万能で何でも解決できるわけではありません。とくに年齢が進むにつれ、子どもの所有する問題は複雑になります。いくら親子の対話が続いても、その場で解決策が出るとは限らないでしょう。

しかし私たちが目指すのは、目の前の問題をすぐに解決するという結果主義ではないのです。どう解決するかももちろん大事ですが、それより問題を解決する力をつけていく、という解決能力を養成したいのです。「進学するか否か」「どの職業を選ぶか」「悪い仲間とどう手を切るか」などは、焦らず、親子の本音を通わせながら、お互いの気持ちを明確にしていくことが肝要なのです。

■コラム③　不登校・いじめについて

私たち親業訓練講座に参加する親の方々の中には、子どもの不登校やいじめなどの問題を抱えた方が全体の二割ぐらいいらっしゃいます。不登校といっても程度はそれぞれで、何となく行きしぶっても実際欠席するのは月二、三日という人から、まったく学校に行かない人までいます。いじめられる度合いにもそれぞれ幅があり、原因もまたそれぞれとすれば、対処法もそれぞれでしょう。

親業訓練講座は病院でもなければ身の上相談所でもないので、アドバイスもしないし、ほかの一般の方とまったく同様に、親子の対話のあり方を共に学んでいただくだけです。でも、学校からは精神科医やカウンセラーを紹介されていっこうに変化がなかったという方でも、ここに来て不登校の子が変化した、いじめが解消したという例は多くあります。

一般に子どもが不登校になったりいじめられたりしている様子が見えると、親は心配からいろいろ問いただし、自分たちに何かできることはないかと悩みます。しかし実は、そのことが子どもにとって家庭を落ち着けない場所にしてしまうこともあるのです。その苦しいときを通り抜けた子どもたちが当時を振り返って話すのを聞くと、せめて家庭だけは安心できる環境であってほしかった、と言います。普通、いじめられていることや学校に行きたくない原因を、子どもたちはあまり言いません。当人からすると、親が「この子はいじめられている」「どうしてあげたらいいだろう」と東奔西走したりして、安心な空間が崩れることはイヤなのです。

そしてこのとき大きな力となるのが、やはり聞くことです。中高生ともなれば、あまり口もきかず閉じこもるケースが多いようですが、そのときは黙って、子どもが心の扉を開くのを待つ。こちらの扉はいつも開けていて、見守っていることです。子どもの中にはちゃんと自分の問題を解決する力が育っています。問題の所有権を侵さないことです。

子どもが親にポツポツ話をすることがあれば、そんなときは問い詰めるのでなく、子どもの思いを受動的な聞き方や能動的な聞き方で受けとめていきます。そして心が自ずと動いていくのを見守る。やがて、「じゃ、どういう方法が考えられるか、一緒に解決策を考えよう」というふうになったり、聞いてもらっているうちに、ひとりでに自分の姿勢がはっきりして、友達や先生に立ち向かっていけるようになったりするのです。

自分の気持ちを口にし、それが理解されたと感じることは、力になるのです。

高校生やすでに大学生になった方から、「あのとき親が親業を学んでくれて本当に助かった。母親（父親）が親業訓練を学んでから家庭が変わり、家でエネルギーを補給でき、蓄えた力を学校で出せるようになった」という意味のお便りをいただくことがあります。私たちの力がこんなに役に立っているのだと思うと、こちらも幸福になります。

ただ、この場合も間違わないでいただきたいのは、学校に行くようになったというそれ自体をもって、直ったということでは必ずしもないのです。ある子どもにとっては、親子のフランクな会話が復活し、それまで不登校で家に引きこもっていたのが、外でアルバイトをするようになったということもあるでしょう。その子どもにとって、その時点での最善の解決策を自分で見つけて選択し、実行に移せたということが評価されることなのです。

親業訓練講座に来ると不登校が直るといった思い込みで、その効果だけを目当てに来られる方もないわけではありません。それは子どもの操作方法を学びたいと思っておられるとも言えましょう。親心としては無理からぬ感情でもありますが、学校に行くことがすなわち「直ること」、それが唯一の健全な姿と思い込んで焦らないようにすることが肝要です。不登校やいじめに関わる子どもの中に何が育っているのか、学校で何が起こっているのか、子どもたちの心を通して聞くことから出発しましょう。

第4章

あなたメッセージから「わたしメッセージ」へ

＊——こんなとき、問題の所有権は親にある

親が子どもの行動に頭を悩ませている（つまり子どもの行為を受容できない）ときにはどうしたらいいのでしょうか。

この場合は、問題を抱えているのは子どもではなくて親のほうになります。つまり問題の所有権は（そしてもちろんそれを解決する権利も）親にあるのです。

この章では、問題の所有権が親にある場合について、お話しします。

たとえば子どもが小さいときなら、こんなときです。

・親は子どもを寝かしたいのに、なかなか寝ない
・片付けたばかりの部屋におもちゃをぶちまける
・壁にクレパスで絵を描く
・疲れて帰宅した父親の周りでうるさく騒ぐ
・食事中の行儀が悪い
・ソファやベッドの上でどんどん跳びはねる

これらは幼児にとっては無理からぬ行動で、受け入れられればよいのですが、こちらの都合でそうもいかない、という行動でもあります。

また、成長するにつれ、こんなことでも親は頭を痛めます。

・親の言うことをちっとも聞かない
・ちょっと目を離すと妹を泣かせる
・学校で乱暴だと先生から注意を受ける
・自分たちで決めた家事の分担を平気でさぼる
・犬にえさをやらない
・借りた物を返さない
・何でも散らかしっ放しにする
・親の車をすごいスピードで運転して、あげくに傷をつける
・洗面所に髪の毛を散らかしたままにしておく
・いつも小遣いが足りないと言う
・長電話をする

こうした行動が日常茶飯時傍若無人にくり広げられるようになると、人はそれを自己中心的、利己的、わがままと称します。

いわゆるわがまま――自己中心的で思いやりがなく、自分の欲求は通したがるくせに、自分以外の人間の幸せや欲求にはまったく無頓着、という状態に子どもを育ててしまった

親について、ゴードン博士は「親が自分の権利を主張しないで育てるという大きな過ちを犯した結果」という表現をしています。

先に挙げたような項目は、そんなにわがままで利己的ではなくても、たいていの家の子どもが多かれ少なかれ見せるよくある行動です。「やらなくちゃいけないのはわかってるんだけど」と言いながら、それができないからといって別段罪の意識も感じない、という、親にとってはまたそれはそれでやっかいな行動です。

そしてゴードン博士はそれらについても、やはり「親の権利を正当に主張すること」を説いています。「私には快適な環境で暮らす権利があるんだ」「私は不快感なく気持ちよく暮らしたいのよ」「私はこういうことにはがまんができないの」という、「私」の思いを主張し、権利を述べていく、ということです。

ではそれをどう主張していけば、子どもの行動は変わるのでしょうか。

*――なぜ「解決メッセージ」はいけないのか

こうした問題に対して親がとるのは、「こうしなさい」「こうしてはいけません」という対応ではないでしょうか。

「使ったらちゃんと片付けておきなさい」

「みんなで決めたことはちゃんと守りなさい」

「長電話はやめなさい」

しかしこれらが効を奏するなら、何も問題はありません。こうした言い方は一時的に効き目はあっても、すぐ元に戻ります。だから「何回言ってもわからないんだから！」ということになるのです。何回言ってもわからないことは、もう一度言ってもわからないのですが、さしあたってはかにいい方法も思いつかないので、また同じ注意をくり返し、やっぱり聞き入れられずに、親だけがストレスをため込んでしまうのです。

ではなぜ、こうした言い方が効を奏さないのでしょう。

ゴードン博士は、これらを親が「こうすれば解決する」という解決策を子どもに与えてしまうものとして、「解決メッセージ」と呼んでいます。

ゴードン博士は、なぜ解決メッセージが効を奏さないかについて、子どもの中にはちゃんと自分で解決策を見つけ出す力も眠っているし、また親が喜ぶように親のために何かをしてあげたいという気持ちもちゃんとある。子どもは親の気持ちを考慮して、自分で何か責任のあることを果たそうという気持ちがあるのに、その機会を親自身が取り上げているからだ、と述べています。

そして大人だって、いま自分が読み終えた新聞と灰皿を片付けておこうと思った矢先に、ていません。このままでは奥さんから「あなた、新聞と灰皿は片付けておいてくださいね！」と言われたとしたら、「いまやろうと思ってたのに！」「言われなくてもわかってる！」とイライラするだろう、と言っています。

ゴードン博士のこの考えは、大人はともかく「だから子どもだって……」となると、一般的にはかなり懐疑的に受け取られます。「子どもにそんな気持ちがあるなら、もう少し何とかなっていそうなものじゃないかしら……」というわけです。

ではここで解決策を伝える「解決メッセージ」を考えてみましょう。先に挙げた「お決まりの12の型」から子どもが受け取るメッセージを思い出してください。解決メッセージに含まれているのも、同じようなメッセージです。

命令・指示
↓
「勉強しなさい」
「妹をいじめるのはやめなさい」
「出しっ放しはやめなさい」
「使ったものは片付けておきなさい」

「やめないとお父さんに言いつけますよ」

「そんなことしたら、おやつあげないから」

「あとで後悔するぞ」

「みんなに嫌われてもいいのね」

←　注意・脅迫

「人が楽しんでいるときに、じゃまするものじゃないよ」

「自分が使った物は元に戻すのが本当だろう？」

「そういう勉強の仕方では成績を上げるのは無理だよ」

「そんなことは人間として恥ずかしい行為だよ」

←　訓戒・説教

「外に行って遊んできたら？」

「ほかにいい方法を教えてやろうか」

「メモさえしといたら忘れないのに」
「いまのうちにすましておいたほうがいいと思うよ」
↓
助言・解決策の提案

さて、これらの解決策とは、子どもがすべきだとあなたが（つまり親が）考えている解決策です。

もし大人であるあなたがほかの人から同じことを言われたら、それこそムッとくる言葉ばかりです。何かを「しなさい」、あるいは「やめなさい」と言われたら、子どもであれ大人であれ抵抗を感じるし、反抗したくなるものです。また、「こうしてみたら？」といった提案も、自分からアドバイスを求めたものでないかぎり「余計なお世話」と思います。また「おまえではいい解決策が思いつかないだろうから」と思っている、とも受け取ります。命令や脅迫となれば、親の権威をかさにきて、いやでも従わせる姿勢しか感じません。

これでは一時的に言うことを聞くだけになるのも当然です。

＊――自尊心を破壊する「やっつけるメッセージ」

「解決メッセージ」とは別に、もう一つ私たちがよく口にするパターンがあります。行為をした本人そのものを非難したり批判したり、お説教をしたりするパターンです。ゴードン博士はそれを「やっつけるメッセージ」と呼びました。

「やっつけるメッセージ」も、ちっとも効果がありません。でも、これまたたくさんの親が、効き目がないと知りつつとても多く使うメッセージです。


「ダメじゃないの」

「だからあれほどダメって言ったでしょ！」

「本当に思いやりがないのね」

「小さい子をいじめるなんて！」

←非難・批判

「いくつになっても甘ったれなんだから」

「はいはい、わかりました。お利口さん！」

「家の中でしかいばれないくせに」

「恥ずかしいわね」

↓

悪口・侮辱

「人の注意を引こうと思って！」

「怒らせようとしているだけなんだから」

「お母さんはどうせ何も言わないと思ってたんでしょう」

「どうせお兄ちゃんのまねでしょ」

↓

解釈・分析

「自分がしてもらいたいことを、人にもしてあげなさい」

「弱いものいじめは感心しないね」

「たまにはお姉さんらしくしたらどう？」

「嘘をつくのは恥ずかしいことよ」

↓

行動そのものを命令されたり指示されたりするのも反発を感じるものですが、こんなふうに行為の主体である自分そのものが非難されたり、分析や評価されるというメッセージもまたイヤなものです。自分が受け入れられていない、拒絶された、愛されていないと感じるからです。「悪いことをしたから、お母さんは私が好きじゃないんだ」という気持ちになります。自分がだめな人間だと感じ、自分への誇りや自信がなくなってしまうのです。

また、「別に気を引こうとしたわけじゃない」「そんなつもりでやったんじゃないのに」と、親がわかってくれないという不満をもったり、「お父さんだってこのあいだこう言ったじゃないか！」と、抵抗したり自分を防衛したりする気持ちになります。

日常ひんぱんにこんな注意をくり返していたら、親は毎日セッセと、子どもの自我や自尊心を壊す手伝いをしているようなものです。

＊――「あなた」が主語のメッセージから「わたし」が主語のメッセージへ

では私たちは日ごろ、子ども相手でなく、大人が相手のときにはどういうメッセージを送っているでしょうか。

たとえばオフィスで、十分後に別の来客の予定があるのに、まだ目の前の客が帰ってくれそうもないというとき。そういうときは、「すみません。十分後に別の約束があるんですよ」と言うでしょう。「早く帰ってくださいませんか」とは言いません。

同僚がいつも使ったものを所定の位置に戻さないとしたら、「元の場所にないと、探すのに時間がかかって困るんだけど」と言うでしょう。「元の場所に戻しておいてくれよ」とは言いません（親しい間柄ならそう言うかもしれませんが）。

友人に貸した旅行カバンがなかなか返ってこなければ、「あのカバン、実は来週の旅行に使いたいんだ」と言うでしょう。「早く返してくれ」とは言いません。

これらの違いはどれも、前者は「私はこうしたい」「私はこうでないと困る」「私はこういう予定がある」という「わたし」が主語になるメッセージで、後者は「あなたはこうすべきだ」「あなたにこうしてほしい」という「あなた」が主語になるメッセージです。

直接「君、こうしてくれよ」と言わなくても、「私にはこれこれの事情がある」と言えば、相手は「あ、そうか。では僕はこうしてやればいいんだな」と、考える余地があります。相手が自分自身で「私にとっての解決策」を考えるとの信頼がある。それがわかっているから、「わたし」が主語のメッセージを送るわけです。

そして自分と相手との距離が短くなればなるほど、「あなた」が主語のメッセージになります。友人、夫婦、親子など。教師と生徒もそうです。とくに親が子どもに対して言うときは、先に挙げた「解決メッセージ」も「やっつけるメッセージ」も、すべてが「あなた」が主語のメッセージです。

ゴードン博士はこの「あなた」が主語のメッセージを「あなたメッセージ」と呼び、「わたし」が主語のメッセージを「わたしメッセージ」と呼びました。そして子どもにも大人に対するのと同様に、「わたしメッセージ」で呼びかけるようにと提唱しました。

たとえば、父親が疲れて帰ってきたのに、子どもは大喜びで膝の上で遊ぼうとするというときは、「うるさい」「あっちに行って遊んでおいで」「ほら、お母さんが呼んでるよ」などとは言わずに、「お父さんは疲れてるんだ。膝の上に乗られると、休めなくて困るんだけど」と言います。

子どもの食卓での行儀が悪いときは、「お行儀よく食べなさい」ではなく、「そんなに汚い食べ方をされたら、お父さんはせっかくのご飯がまずくなってしまって残念だなぁ」。

夫婦で話をしているときに、子どもがじゃまをしてしょうがないときは、「パパはママといま大事なお話をしなくちゃいけないんだ。おまえがここで騒いでいると、ちっとも話ができなくてイライラするんだ」。子どもがガンガンＣＤをかけてうるさいときは、「ああ、そんなに音が大きいと、お母さん、耳が痛くなってきてイヤになってしまうわ」。

子どもの行動が自分にどういう影響を及ぼし、その結果自分はどんな痛手を被るか、自分への影響を具体的に説明して、だから自分はいまどんな感じがしていると話すのです。

ゴードン博士は、「わたしメッセージは三部構成で」と言っています。子どもの行動を「非難がましくなく」、自分への影響は「具体的に」、感情は「率直に」述べるようにということです。

＊——ボールを投げてみると……

「言い方をちょっと変えたくらいで、そんなにうまくいくものか」とお思いになる方は、受動的な聞き方や能動的な聞き方と同様に、家に帰ってさっそく試してみてください。「わたしメッセージ」は、受動的聞き方や能動的聞き方のようにすぐに嬉しい反応が返るとはかぎりません。子どもの年齢が高くなれば問題も複雑になるし、慣れるのに多少時間がかかる人もいます。それでも、思いがけない素直な反応が子どもから返ってきたと、よろこびを口にする方がそれはそれはたくさんあります。

幼児の場合は問題となる事柄があまり複雑でないので、「わたしメッセージ」も送りやすいでしょう。わがままでなかなか人の言うことなど聞かないと思われていた子どもが、「ちょっと、どいてちょうだい」でなく「荷物が重たくて苦しいのに、道の真ん中で通せんぼされたら、歩くのがもっと大変になって困っちゃうな」と言われるとあっさり道を譲ったり、「お手伝いをする」と荷物を持とうとするといった行動になることがあるのです。はじめてわたしメッセージを使った人は、「えっ、子どもってこんなに筋道のわかるものだったんだろうか」と驚くことでしょう。

こんな具合です。

【四歳女児と母親の会話】

スパゲッティを食べているとき。はじめはフォークで食べていたのに、そのうち手づかみになる。

母親　ミキ、手じゃなくて、ちゃんとフォークで食べて。

娘　だってこのほうがいいんだもん。

母親　ミキがスパゲティを手で食べながら振り回したりすると、まわりが汚れるし、手がベタベタになるでしょう。お洋服も汚れるからママとてもイヤなの。

娘　（一瞬キョトンとした感じで）「わかった」

〈母親のひと言〉　いつもは「お行儀が悪い」「汚いからよしなさい」と、いくら注意してもいっこうに聞かなかったのです。

【中学生男子（十四歳）と母親の会話】

夕食後、食器を洗う母親の前に、息子が牛乳を飲んだコップを置いていく。しばらくしてまた牛乳を飲みにきて、食器棚から新しくコップを取ろうとする。

母親　あなたが、また新しいコップを使うと、洗ってふいて、片付ける仕事が一つ増えるの。さっきのコップを使ってくれると助かるわ。

息子　うん。

〈母親のひと言〉　中学生になって、親とはろくな会話もしなかった息子が、あまりに素直に反応したので、たいへん驚きました。

「わたしメッセージ」を使ってみた人は一様に、「あまりにあっさり言うことを聞くのでびっくりした」「あっけないくらい」「二歳とか三歳でもわかる」「一歳でもわかる」「高校生の親の言うことなんか聞かない子でも、素直にうんと言う」と言います。

【中学生男子（十五歳）と父親との会話】

父親が帰宅して「ただいま」と言っても、息子からは「お帰りなさい」の声が聞こえない。「返事は？」「聞こえないぞ」という叱責も、あきらめの境地になりつつあるある日。

父親　（帰宅後、息子の部屋に行って）
マサルが大きな声で「お帰りなさい」を言ってくれると、お父さん、疲れがふっ飛ぶんだけどな。
息子　……。（反応なし）
——ところが翌日——
息子　（大きな声で）お帰りなさい！
父親　おっ、今日は大きな声で嬉しいな。
——それから数カ月——
父親　（受験が終わり、寝ころんでテレビばかり見ている息子に）
寝ころがってテレビを見ていると、目も悪くなるし、具合でも悪いんじゃないかと、お父さん心配になるぞ。
息子　……。
（しばらくすると、起き上がり、座いすを持ってきて見る）

この父親の言葉は三部構成のわたしメッセージになっているわけではありません。しかし、いままで「あなたメッセージ」で、「返事ぐらいしろ」とか「テレビを寝ころんで見る奴があるか。行儀悪いぞ」と言っていた父親が「疲れがふっ飛ぶ」とか「心配だ」といった自己表現をしたことが、この子どもを動かしたのではないでしょうか。

ちなみに、親が自己表現をしたからといって、子どもがその行動を必ず変えるというわけではありません。この場合のように子どもが行動を変えたのは、子どもが自分でそうすることを決めた、すなわち子どもの自主的な判断の結果なのです。親からすれば、「私の言うことを大事にしてくれて、ありがとう」と言える場面でしょう。

【小学生男子（十歳）とスイミングスクールのインストラクターの会話】

アキラは泳ぎ終わっても、いつもプールの中で遊んでいる。

指導員　（「わたしメッセージ」を使ってみようと思うが、ちょっと躊躇して）アキラ君、いつまでもプールにいると、次に泳いでくる子が、君が邪魔で泳げないんだ。その子がプールから出たくても出られなくて困ると思うんだけどな。

アキラ　だって……。

指導員　（はっきり「わたしメッセージ」に切り替えて）それに、先生、ほかにいっぱい教えなくちゃいけない子がいて、いつも君に注意してばかりいられないし、もし君が溺れちゃったら先生も困るしね。

アキラ　ウン。

指導員　君が溺れちゃったり、怪我でもしたら先生悲しいし、みんなに迷惑かけちゃうと思うの。

アキラ　わかった。

子どもが思春期になっていて、すでに親子のコミュニケーションが難しくなっている場合、せっかく「わたしメッセージ」で話そうとしても「だからどうした」と言わんばかりに、無視しようとする子どももいます。

そういうときは「お父さんは、いまおまえに話をしたいと思ってるんだ。おまえにお父さんが考えていることを聞いてほしいと思ってる。そんな無視した態度をとられるのは残念だ」と、正面からまじめに、「お父さんは一生懸命なんだ」ということがわかるように話します。思い切って、一生懸命の自分をさらけ出すのです。一生懸命の自分を出さずに、「子どもなんだから親の私がこう頼んだら聞くのが本当だろう」という気持ちでは、子どもと話したがっている親の切実さは伝わりません。

また、親の「わたしメッセージ」に対して子どもも「わたしメッセージ」を交えて対抗してくる場合があります。たとえば、

母親　あなたがＣＤをガンガン慣らしてると、本も読めなくてイライラしてくるの。

息子　学校に行ってるあいだは聞けないし、ちょっとの時間だからいいじゃないか。オレはヘッドホンで聞くより、こっちのほうが好きなんだ。オフクロのほうが神経質なんだろ？

という具合です。

こういうとき、普通なら「あら、そんなことないわよ」とか「自分の勝手ばかり言わないで。お父さんだってうるさいって困ってるんだから！」となりがちです。でも、こんなときこそ、能動的な聞き方で積極的に子どもの求めているものを聞いていきます。

母親　そう？　お母さんが神経質だと思う？　うーん、確かに音に対してはちょっと神経質かもしれないわ。だからよけいイライラするのかもしれないわね。おまえはヘッドホンを通さない音で聞きたいわけね。ちょっとの時間だしね。（能動的な聞き方）ただ、お母さんはその音の中で本を読むのはつらいのよね。（二回目のわたしメッセージ）

こういう場合、そこで即子どもの行動が変わらなくても、子どもが自分がなぜそれにこだわるのかを親が理解してくれたと感じた後は、親の求める方向に行動を変えやすくなります。

＊――なぜ「わたしメッセージ」は効果的なのか

これまでさんざん大声でどなったり脅したりご機嫌をとったり、アメとムチで何とか言うことを聞かせていたのに、「わたしメッセージ」を使うことによってこんなに変化が起こるのはなぜでしょうか。

一つは、先に述べたような対話の記号化と解読のプロセスを考えるとわかります。

対話は発信したい側が自分の伝えたいことを言語化・記号化して発信し、受信した側はそれを解読してメッセージを読み取ります。

疲れて帰ってきた父親に子どもがまとわりつく。そこで父親が「うるさいなぁ」という表現をとったとしましょう。子どもがまとわりつくくらいですから、この父親ははじめから子ども嫌いなのではなく、いまは疲れていて受容できない。それで「私は疲れている」という思いを「うるさい」という記号に変換したわけです。

では、この「うるさい」という記号を受信した側が解読するとどうなるでしょう。「うるさい」と言われれば、子どもは当然「自分はうるさい」と受け取ります。「自分はうるさい子」「自分は悪い子」です。「私はうるさいと思われている」「僕はパパに受け入れてもらえない」と、言語から受ける気持ちはこんな広がり方をします。

「私は疲れている」という思いを「パパはいま疲れてるんだ」とそのまま素直に記号化すれば、子どもが受け取るのは、「パパはいま疲れてる」、それだけです。それが理解できれば、次に自分がとる行動について自分で判断ができます。そうでなくても、少なくとも親の状態がのみこみやすくなるのです。

もう一つは、子どもが周囲から見て好ましくない行動をしているときは、単純に自分の行動で人が困っている、すなわち自分の行動が他の人に与える影響がわからないからしている、ということが多いものです。

そこで、親が三部構成の「わたしメッセージ」を出して、子どもの行動が親に与えている具体的な影響と感情を伝えると、子どもが「そんなにうるさいとは思わなかった」「イヤだなんて知らなかった」「そんなにイヤだったんだ」と、意外そうに口にします。言い訳ではなく、小学生、中学生くらいになっても、実際のところ自分の行動が親や周囲にどういう影響を与えているかに気づかないことが多いのです。

【二歳の女児と母親の会話】

注意していても、子どもがときおり道路にサーッと走り出してしまう。この日もやっと

■「あなたメッセージ」と「わたしメッセージ」

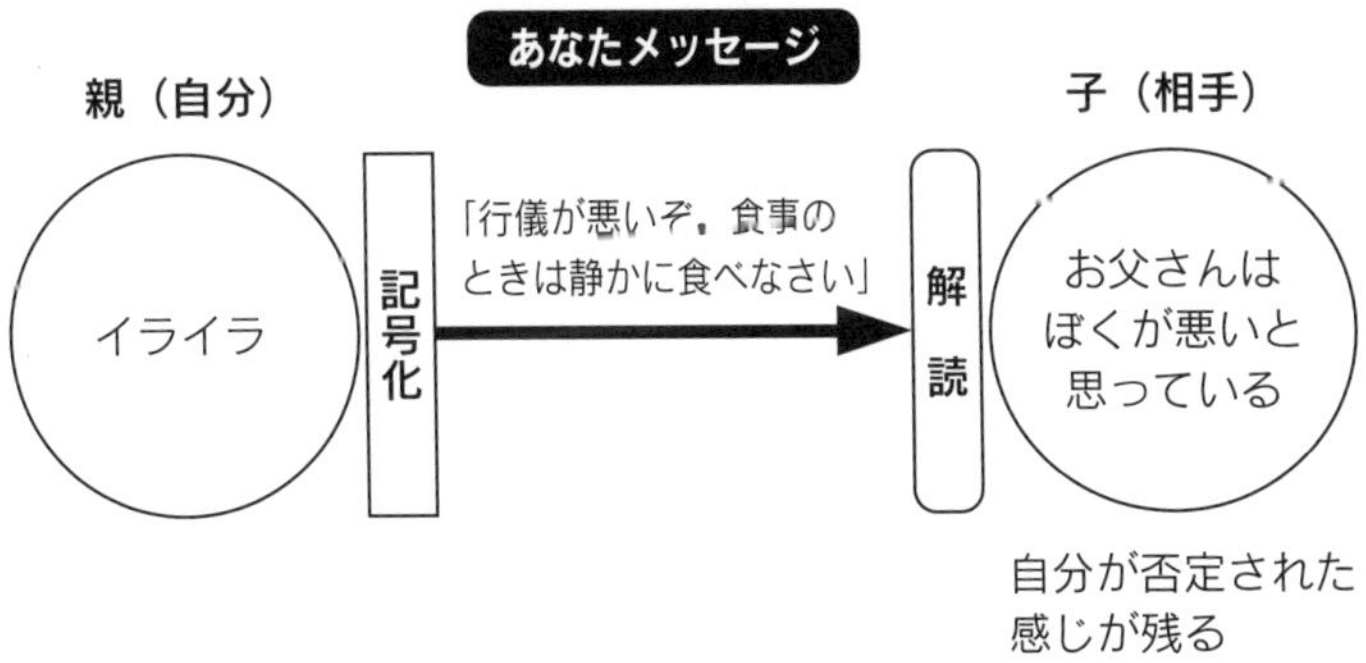

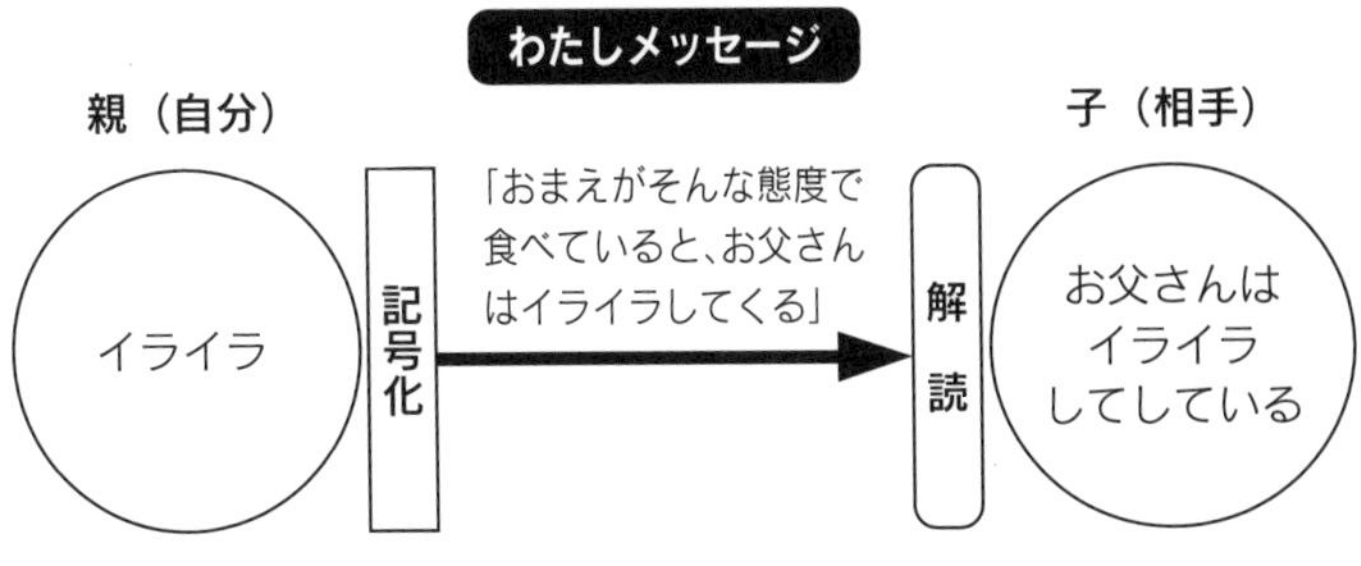

自分の内的状態を伝えるときは、「わたしメッセージ」を使う。

追いかけてつかまえる。

母親　勝手に先に行ってはあかん。ユミが一人で先に行って、車にひかれて怪我をしたら、お母さんエーンエーン泣いてしまうわ。

娘　ユミがひかれたら、お母さん泣くの？

母親　車にひかれて、怪我して血がいっぱい出たら、お母さん悲しいわ。

娘　悲しいの？　お姉ちゃんも泣く？　お父さんも泣く？

母親　そうやで。ユミちゃんは大事じゃからね。

娘　ふーん。

（ユミはその日から先に一人で行かなくなった）

【小学生女児（十一歳）と塾講師の会話】

塾の教室で。元気なカヨの話し声がひときわ高く、周囲が迷惑している。

講師　カヨちゃん、あなたが大きな声でお話をすると、お友達が集中して学習できないし、私も集中して採点ができないので、困ってしまうの。

カヨ　えっ、先生も困るの？

講師　そうなのよ。上級生の教材は、先生も集中してよく見なければ、間違って採点しちゃうの。とても神経使うのよ。
（カヨはその後とても気を使うようになった）

だれかがこういうことをすれば、周囲にはこういう結果が起きる――そういう筋道を理解する力は、二、三歳の子どもにも、ちゃんと備わっています。いったん気づくと、「こうすればこうなる」という因果関係がインプットされて注意するようになりますし、周囲に配慮のできる、思いやりが育っていきます。

そしてもう一つは、親が自分を隠さずにさらけ出すということが相手を動かすのです。自分はこういうことをされるとつらい、自分はこういうことが苦しい、子どものこういうことが心配だ……ということを、どんどん表現していく。子どもは小さければ小さいほど親を万能と思い、またいくつになっても親は非常に強い存在だと思い込んでいるところがあります。とくにつねに理性的で感情的になるところを見せていない親の場合、子どもにとってはいつも〝立派な親〟で、泣いたり笑ったり、不快と思ったりしない、動じない存在だと思い込むところがあるものです。

そんなふうに思い込んでいた親の〝人間味〟に触れると、子どもは親もまた自分と同様に一個の人間だということがわかるのです。

＊──人間関係を豊かにする「肯定のわたしメッセージ」

付け加えますが、「わたしメッセージ」は肯定的な面でもたいへん力を発揮します。つまり「私はおまえがこうしてくれて嬉しい」「こうなっていると、本当に楽しい」「これこれでよかった」という、嬉しいメッセージです。

よく「ほめる、叱る」ということが話題になります。「ほめられてこそ子どもは伸びる」「ほめて育てましょう」という内容が多いのですが、私はむしろ「ほめる・叱る」より、肯定のわたしメッセージで自分の喜びの感情を表していったほうがはるかに親子関係を濃くしていくと思います。「ちゃんと片付けたの、えらいわね」より、「ちゃんと片付けたのね。すっきりしてお母さん、嬉しいわ」のほうが、親の感情が直接的に子どもに伝わり、親の人間性に子どもが触れることができるからです。

ほめられれば確かに子どもはいい気持ちになります。励みもつきます。でも考えてみれば、ほめるということは、親の評価です。親の価値判断でよしとしたことを子どもがした、だからほめているにすぎません。子どもがその行為をさほど重要に思わなくなれば、親にほめられたくらいでは動かなくなります。同様にいくら叱られても、親を怖いと思わない年齢になればそれで終わり、親子の力関係が逆転します。

ほめたり叱ったりの賞罰で子どもを動かそうとすることの弊害について、ゴードン博士は一冊の本を書かれているほどです。（『自立心を育てるしつけ』小学館刊）

親が「わたしメッセージ」で自分の思いを伝えていくことで、子どもが親の思いに沿った行動をする――それは子どもの自主的な判断があればこそです。親からの押しつけでなく、その子どもがその行動をよしとして自分で選択してこそ、子どもの中に周囲と自分の関係を考慮しつつ、問題を解決する力が育つのです。

肯定的な気持ちを「わたしメッセージ」で伝えることは、人間関係をより豊かにしていくと言えます。三歳の子どもの例です。

【三歳の男児と母親の会話】

ヨシオが保育園で覚えてきた歌を踊りながら唄っている。

母親　ママ、ヨッちゃんが歌を唄って楽しそうにしているのを見るの好きなんだ。見てて、ママまで楽しくなるんだもの。

息子　（踊るのをやめて、母親のところに来る）
僕、ママには「ばかやろう」って言わないよ

母親　「ばかやろう」って、ママには言わないようにしてくれるのね。

息子　僕ね、ママ好きだから。
母親　ヨッちゃんに、ママ好きって言ってもらえると、ママ嬉しい。

ここのところ、腹を立てるとだれにでも「ばかやろう」と言っていたヨシオ君は、お母さんから肯定のわたしメッセージを聞いて、自分から「言わないよ」と言いました。
次は、険悪の仲だったお姑さんに、思い切って肯定のわたしメッセージを投げかけた方の例です。

【姑（六十五歳）と嫁の会話】
夫の親類に不幸があり、姑と夫が二泊三日で出かけた。それまで家事のほとんどを姑が行っていたため、姑の留守中はけっこう忙しく働いた。姑が帰宅する。
嫁　おばあちゃんがいないあいだ、洗濯、掃除、食事の支度と、ほんとうに大変だった。いつも子どもたちや私たちのために家事を全部引き受けてくれてるおばあちゃんに感謝したい気持ちになったわ。本当にありがとう。
姑　……。（無言）
嫁　子どもたちも、よう手伝ってくれたんよ。トシオは重いお米を持つのを手伝ったり、タカシはお風呂を沸かしたりと、二人がいてくれて本当に助かったわ。

姑　布団もしいてくれたの。

子どもたち　うん、僕たちだよ。

姑　どうも、ありがとう。

〈お嫁さんのひと言〉それまでつかえていた姑へのイヤな思いが不思議と薄らいで、姑を入れての家族の団らんが初めて楽しく感じました。この日から家族の雰囲気がやわらかくなったように思います。

思い切って自分を表現してみることが、人間関係を変えていくのです。

＊——“怒り”は二次的感情。一次的感情を「わたしメッセージ」で

「わたしメッセージ」もしばしば間違った使い方をされます。

「わたしメッセージを使ってみたけど、ちっともうまくいかない」という人の場合、いちばん多いのは「おまえはちっとも勉強をしないで遊んでばかりいる。私はとても腹を立てている」「あなたは自分で決めた仕事をちっともしないので、お母さんはとっても腹が立つわ」という、怒りのメッセージです。確かにこれはあまりうまくいきません。

ゴードン博士はここで「怒り」について分析を試みています。

「私はあなたが……なので、とても腹を立てている」は、確かに文法的には私が主語のメッセージだが、「あなたが私を怒らせた」ことを意味する。最終的にはあなたメッセージであって、親の怒りの原因として自分が非難を受けていると子どもが感じる点では「やっつけるメッセージ」と同様だと述べています。

そして怒りとは、その前に何かの感情を経験して、その結果親の中から生まれてくる二次的感情ではないかと分析しています。

たとえば、娘が遅く帰宅したとき、親は娘の顔を見たとたんに「こんなに遅くまで何してたんだ!」と怒りをぶつけるという例はよくあります。このとき、ついさっきまで父親の心を占めていたのは、不安と心配、恐れです。何か事故でもあったのだろうか、変な人間にからまれでもしていないか……。そこに娘の無事な顔を見て、ホッと胸をなでおろしたとたん、「無事ならなぜひと言電話くらいできないのか!(こっちはこんなに心配しているのに)」ということになります。

このときわたしメッセージで送るべきことは、最初の一次的感情です。「ああ、無事でよかった! 心配してたんだぞ」。その後に、「遅くなるなら、途中で電話くらいしなさい」と言えば、子どもは自分の行動がいかに親を苦しませたかがわかるのです。

よその家を訪問したときに、子どもが行儀よくできなかったとすると、親の第一次感情はたとえば「親としての自分の評価が下がるのではないかという恐れ」です。次に自分にこのような思いをさせたことに対して、怒りがこみあげてきます。こんなときも「お行儀よくしなさい！」と怒るよりは、「お母さん、ダメお母さんと思われるんじゃないかと思って悲しくなっちゃった」といった表現のほうが、親の思いがそのまま子どもに伝わり、理解しやすいのです。

ある父親が、自分のその年ごろに比べて息子があまりに怠け者なので落胆しているとすると、その落胆の二次的感情として、とくに成績の悪いときに怒りが爆発します。また別の父親は、自分が学歴がなく苦労してきたので、息子にその苦労はさせたくない。それなのに親の心子知らずで息子が遊んでばかりいるとすると、この父親の一次的感情は、自分の意図が伝わらないというもどかしさです。その結果怒るのです。

「わたしメッセージ」がうまくいかないとき、もし自分の感じているのが〝怒り〟であったとすれば、それを引き起こす一次的感情が何かあるのではないか、と考えてみてください。もしあるとすれば何なのか、それがどこから来るのかを、分析してみるのです。

教育熱心で活動的なお母さんがいました。子どもが萎縮したようにオドオドした言動をするので、何かにつけ腹が立っていたというのです。お子さんは単に内気で恥ずかしがり屋なだけなのですが、「あそこは親が教育熱心で厳格だから、かえって子どもが萎縮してオドオドする」と周囲の人が思うのではないかと考え、それがとてもイヤだったそうです。そんな理由でおとなしい子に腹を立てる、ということもあるのです。

こんなふうに「自分がこう見られるのではないかと思うとイヤ」ということは、そう見られたくないという欲求があるということ。ではどう見られたい欲求を自分はもっていたのか（たとえばゆったりと安定した親に見られたい、行儀作法をきちんとしつける親に見られたいなど）が、だんだん自分に見えてくるわけです。

親業訓練の講座では、怒りの感情を頻繁に爆発させるときこそ、「私の内部では何が起こっているのか」「子どものあの行動で、最初に起こった感情は何だったのか」について、自分自身とよく対話をするように、自分自身に問いかけるようにします。

親業訓練が「自分とは何か」を見つけ出していく訓練であり、そのメソッドが自分らしさを発見するメソッドであるというのは、こういうこと。親業はいわば自分業なのです。

＊――受容できない子どもの行動を「環境改善」で変えていく

「困ったな」と思う子どもの行動について、言葉で「ああして、こうして」と要求するばかりでなく、子どもの環境を変えることによって、簡単に解決できてしまうことも少なくありません。これを親業では「環境改善」と言っています。日常の何気ない事柄について、「やりなさい」と言い、「やらないおまえはダメな人間だ」「思いやりがない」などと、子どもを否定するような言葉で責めることで、親と子の人間関係を悪化させるのではなく、物理的に物を動かしたり、計画を立てたりすることで解決するのですから、楽です。

言葉がわからない乳幼児のときには、環境改善はよく使われます。洗面所に手が届かないために手が洗えない子どもには、踏み台を用意して、手が汚いままご飯を食べる行動を変えさせようとするものです。ところが、子どもが成長して言葉が通じるようになるにしたがい、言葉に頼るようになってしまい、ほめて、すかして、なだめて、脅して、とにかく親の思いどおりに子どもを動かそうとしがちです。しかし子どもの行動を変えるのには、物理的な環境改善が大きな効果を発揮します。

テレビのリモコンをいじる幼児に「リモコンで遊ばないように」と何度も注意し、脅したりすかしたりするよりも、子どもの手の届かないところに、そのリモコンを置いてしまうことのほうが、よほど簡単ではありませんか。

子どもの受容できない行動を変えるための環境改善を考えるのには、次の大きな四つの道筋があります。

環境に加える

・豊かにする　子どもの興味をひく活動や物を導入する

・広げる　ある行動をのばすために作業する場所や遊び場を広げる

環境から除く

・取り去る　望ましくない行動を助長するような刺激や物を除去する

・制限する　ある行動を制限するような作業場や遊び場にする

環境を変える

・簡易化　子どもが主体的に活動できるように家庭内を整理する

・システム化　日常生活において、お互いに納得し合える家庭の組織をつくり、規則づくりをする

・模様替え　ある行動を制限または奨励するために、家庭内の備品の配置を変えたりする

その環境内で計画する

・スケジュールをつくる　親と子の双方の欲求を満たすために時間を配分する

・ころばぬ先の杖　これから起こる出来事について、子どもに事前に注意をうながす

足すか、引くか、変えるか、計画を立てるか、というのが、環境改善の四つの大きな柱です。これは受け入れられない子どもの行動を環境改善で変えるときの、思考の四つのルートと考えてよいでしょう。親が受容できない子どもの行動がないのに、ただ部屋の模様替えをしたいというのは、親業のメソッドでは「環境改善」とは言いません。あくまでも、受け入れられない子どもの行動の変化を求めての一つの策としての環境改善です。

たとえば――

問題　小学一年生。学校から帰ってもすぐに制服を着替えない。

改善　スヌーピーの洋服かけを用意して、居間の目に付く所にかけるようにした。

結果　朝、学校へ行くときに仕度が早くできるようになり、喜んで行く。

問題　下の子どもが、あまり読書に興味がない。

改善　上の子どもが本好きなので、家族で本の内容の面白い話をしたり、夜寝る前に上の子どもが、下の子どもに本を読み聞かせたりする。また、本を取りやすい所に置き換えた。

結果　急な変化はないが、図書館からたまに本を借りてくるようになった。

問題 夫が新聞を読んだ後、きちんとたたまないので、後で読むのが不快。

改善 ホッチキスでとめた。

結果 新聞がズレたりバラバラにならないので、たたみやすくなった。

問題 家族の出かける日や、子どもの行事がいろいろあって、みんなが話をするときにいちいち覚えておくのが大変。コミュニケーションがうまくいかないときがある。

改善 空白の多い月ごとのカレンダーにそれぞれの行事を記入することにした。

結果 一目瞭然なので、会話がスムーズになり、またうっかり言い忘れて出かけていても、夕食の支度など助けてもらうことができた。いまでは各自が予定を書き込むようになった。

また、子どもとの話し合いの結果が、環境改善につながることもよくあります。

たとえば、子どもがほしがるのでペットを飼いはじめたら、結局世話をするのは親だといった場合。親としては、イヤだな、困ったなと感じる――すなわち親が問題を所有することになります。こんなときに、第5章・第6章で詳しく述べる親と子の話し合い（勝負なし法）から、計画と当番表が作成された例をご紹介しましょう。環境改善の手法の活用というよりも、話し合いの結果としての環境の改善です。

【長女（十歳）長男（七歳）次男・次女（五歳）と母親の話合い】

母親は「水槽の中に土や石を入れてコオロギを飼っているが、だれも餌をやらないので自分が餌をやっている。大変なので餌をやる人を決めてほしい」

子どもたちは「だれかがやると思っている」

そこで、考えられる解決策を出し合いました。

（イ）餌をあげる当番表をつくる
（ロ）だれかがちゃんと餌をやる
（ハ）虫かごを四つにして、その中にコオロギを入れて自分自分で飼う
（ニ）コオロギを逃がす
（ホ）家の中で放し飼いにする
（ヘ）わからない人は本を見てやる
（ト）畑に逃がして餌をもって行く

それぞれを検討すると、

（イ）は良い、（ロ）（ヘ）はする人を決めないのでいけない、（ハ）はかごが四つもないのでダメ、（ニ）（ト）コオロギを飼いたいのでダメ、（ホ）寝ているときに、顔に来たらイヤだからダメ。みんなが納得のいく解決策として、（イ）に決まりました。

さっそく次の日から実行するようにして、やりたい人から順番を決め、二日ごとに当てはめて長女が表を書くことに決めました。また、表は目立つところに貼っておくことにしました。

翌朝、長男がコオロギの食べる野菜を包丁で切って、餌を入れ替えていました。

子どもたちは話し合いがとても楽しかったようで、終わってから「このやり方って、楽しいね。今度もこんな決め方がしたいなあ」と言っていたそうです。

＊――環境改善は家庭に限らない

ところで、環境改善というときの「環境」とは、いったい何を指すのでしょうか。親が子どもを育てるときには、つい、家庭での衣食住だけを環境改善の対象にしがちです。学校教育のあり方、地域社会を含む環境、日本の政治・経済・社会全般のあり方、国際社会、地球、と環境の対象を広げると限りなく、とても個人の「環境改善」の手に負えないような気がしてしまいますが、それでも私たちは、結果は別として、環境に働きかける力はもっているると言えましょう。

受験の制度、シンナーや覚醒剤の撲滅運動、子どもたちの集まれる健全な場の提供運動等々、たとえば非行防止に親が積極的に関わることも、環境改善の一つの道だと思います。たくさんある環境改善の方策の中で、どの問題に、どう関わるかこそ、その人の生き方、親の生き方を示すことになるのではないでしょうか。

たとえば子どもが不登校である場合。そのままその学校に行けるようにいろいろできることをするという道、学校に行かなくとも自立できるような方策を立てる（子どもが仕事に就くようにするなど）、転校する（家族ぐるみ居住地を移すなど）等々、いろいろな対応が可能でしょう。一つのところで我慢し、悩みを克服しながら強さを増すことを大切と考えるのか、新しいところで心機一転をはかるのか、あるいは学校を経ないで一人で生きる力を身につける可能性をさぐるのか——どの道をよしとするかについて一般的な正解が一つということはないでしょう。親の生き方、価値観が深い関わりをもつのです。

人は環境に適応していくことも必要ですが、同時に環境に働きかけて環境そのものを変化させていくことも必要です。環境の産物としての自分と、環境を創り出していく自分と——この二つのバランスをどこにとるかを各人が自らに問いかけながら、自分の立つ位置を決めて行動していく。それが、生きるということの二つの側面です。子どもを育てるときにも、親はその生き方を反映させながら、環境と子どもとの関係に関わっていくことが求められるのです。

また、おもしろいのは、親と親子関係のあり方も、また子どもにとっての一つの環境であることです。悩みがあるときにそれに耳を傾けながら、子どもが悩みを克服する援助をする親と、「そんなことでクヨクヨするなんて、だらしがないぞ」と責める親と――子どもにとってその環境は大違いです。親業の訓練は、「親という環境」の改善方法と言えるのかもしれません。

何にしても、環境改善は、人と環境との相互作用に注目したもので、相互の働きかけから、多様な結果が生まれます。

■コラム④　同僚が「ムカつく！」と言ったら……

職場の若い同僚が、あなたに聞こえよがしに「ムカつく！」と言ったとしたら、どうしたらいいでしょう。

この場合も大事なのは自分の心理が正確に把握できるかどうかです。把握することによって、対話の方法も違います。第一に、「ムカつく！」と言われたことで、自分が何らかの不快な心理状態に陥っているのか、平気なのか。痛くもかゆくもなく、上司として部下の言葉遣いを問われる立場でもないなら、ノー・プロブレムです。放っておけます。

「私は不快感をもっていない」と把握した場合には、同僚の様子を観察して、「あの人はいま何か困ったことができて、ヤツ当たりしてるんだな」と見ることもできます。この場合は問題の所有権が相手にあります。

今度は「私はあの人の問題解決に手を貸したいのか、放っておきたいのか」を自分に問います。「勝手に困ってればいい」と思う場合は、放っておきます。「何とか解決してほしい」、あるいは「あの人が困るのをそのままにせず、その解決を私が援助したい」と思うときは、相手に働きかけていきます。相手はあなたに心を開いて助けを求めているわけではないので、こちらから能動的な聞き方で相手の気持ちを聞きます。相手の問題の所有権を侵さず、相手が問題解決するのを援助していくのです。こうやって自立し、成熟していく同僚をもつことは、会社の人間関係に深みを増していきます。

「私は不快感をもっている」と診断した場合は、次に「私はその不快感を解決したいと思っているのか、思っていないのか」を診断します。「若い人のカルチャーだからしょうがないわ」とか「不快だけど、摩擦を起こすのもめんどうだ」というなら、これまた放っておけばいいでしょう。そのかわり不快さも引き受けることです。

不快感をもっているだけでなく、「私はこの不快感を解決したいと思っている」と把握したら、こちらが打って出るときです。不快感をもっているのはこちらですから、こちらから「私はイヤだ」ということを、言語的に明確に表現していきます。その方法が「わたしメッセージ」です。

このとき「私はイヤだ」という感情を伝えないで、いかにも客観的に「そういう態度は職場にふさわしくない」とか「みんなが不愉快になるからやめたら?」

とすり替えないこと。「みんなが」ではなく「私は不愉快だ」とはっきり言うことです。気になる相手の行動があなたにどういう影響を与えるからあなたはどう感じると三部構成で話すのです。

その潔さと、きちんと言語表現できる技量、そして必要なときには同僚たりとも対決を辞さないという堂々とした姿勢で、相手も変わるし、周囲も理解するのです。

第5章

「勝負なし法」で対立を解く

＊――対立が表面化しているのはむしろ健全

自分の行動が親の欲求を阻害している。自分の行動で親は困っている――子どもがちゃんとそう理解していても、それでもなおかつ行動を変えようとしないことがあります。それは親の欲求に反しているとわかっていても、子どもにはそうしたいという欲求があり、必要がある場合、つまり子どもの欲求と親の欲求が対立する場合です。

この親と子の欲求の対立は、どこの家でも日常茶飯事に起こっています。幼児期にはいいよいよとなると「いいかげんにしなさい！」と一喝することで何とか決着がついていたことも、子どもが大きくなってくると、そうはいきません。家庭内での意見の相違や対立・葛藤がことごとく起こります。

意見の相違や欲求の対立・葛藤は、決して悪いものではありません。双方の目標や欲求が本当に一致して真に対立がないならまた別ですが、対立が表面化しないだけで、あたかも対立がないように見える、というだけの人間関係なら、むしろ対立が表面化しているほうが健全です。「支配的で暴力を振るう夫と抵抗できない妻」とか、「そんな父を恐れる子ども」などの関係がそうです。

対立自体はちっとも否定すべきものではありません。対立がなぜ起こるのか、どうすればみんなが納得するかたちで解決するか——この章ではそれを述べたいと思います。

＊——第一法と第二法（親が勝つか、子が勝つか）

子どもの接し方というと、たいていは厳しく対応するか、寛大に対応するかのどちらかになります。あるいは「うちはこういうところは厳しくするけど、こういうところは子どもの好きなようにやらせている」という場合もあるでしょう。あるいは、厳しさと寛大さとの間を往復するというのもよくあります。

親と子の欲求が対立したときも、その決着のつけ方、つまり解決の仕方は、たいていその二つのどちらかです。言い合いをしたあげくに親の言い分を通すか、あきらめて子どものしたいようにさせるか。つまり親が勝つか子どもが勝つかのどちらかです。

この「どちらかが勝つ」——負けたほうは提案された解決に賛成ではないが、しぶしぶ従うというパターンを、ゴードン博士は「勝負あり」の解決法としています。

親業訓練では、この勝負ありの方法のうち、親が勝つほうを第一法、子どもが勝つほうを第二法と呼んでいます。

第一法（親が勝つ）は、はじめは双方自分の言い分を出し、親も子の言うことを聞いていますが、結局は親の権威で親の言い分を通すパターンです。

たとえばこんな具合。父親と学校に出かけようとする十二歳の娘の会話です。

娘　学校に行くわよ。行ってきまーす。

父親　外は雨が降っているよ。おまえはレインコートを着てないじゃないか。

娘　いらないわよ。

父親　いらないっていっても、濡れたら洋服がダメになるし、かぜをひくよ。

娘　そんなに強く降ってないから。

父親　降ってるよ。

娘　レインコートは着たくないのよ。着るのは大嫌い。

父親　でも着たほうが暖かいし、濡れないよ。頼むから行って取っておいで。

娘　あのレインコートは嫌いなの。着たくないわ。

父親　すぐ部屋に戻って取っておいで！　こんな日にレインコートも着ないで学校にはやれないよ。

娘　だってあれは嫌いなのよ……。

父親　だっても何もない！　言うこと聞かないならお母さんといっしょに叱るよ。

娘は父親の提示した解決策（レインコートを着ていく）を決して望んでいないが、親の権力を使うという脅し（罰を与える）の前に降伏しています。

第二法（子どもが勝つ）は、はじめは親も主張していますが、結局子どもの言い分に負けてしまうパターンです。同じ状況が第二法ならこんなふうになります。

娘　学校に行くわよ。行ってきまーす。
父親　外は雨が降っているよ。おまえはレインコートを着てないじゃないか。
娘　いらないわよ。
父親　いらないっていっても、濡れたら洋服がダメになるし、かぜをひくよ。
娘　そんなに強く降ってないから。
父親　降ってるよ。
娘　レインコートは着たくないのよ。絶対イヤよ。
父親　でも着てほしいんだが。
娘　あのコートは大嫌いなの——着ないわ。無理に着せたら怒るから。
父親　それだったらいいよ！　レインコートを着ないで学校に行けばいいさ。

父親は娘の解決策で満足していませんが、娘の力（父親に怒るということ）、脅しの前に降伏しています。

この二つは結果はまるで反対ですが、お互いが初めから自分の意見を通すために相手を説得しようとして戦い、力の強いほうが勝つという意味ではまったく同じです。

そして二つとも、当面の問題を解決するためにも、また子どもの自立という教育の最大の目標から考えても、効果は期待できません。

＊――「勝負あり法」はなぜ効果がないか

〈第一法の場合〉

第一法は子どもにとっては「押しつけ」の解決です。親の権威や罰を恐れていやいや実行するのですから、とりあえず最小限の努力でかたちだけ実行してお茶を濁す。内面では親への反発、怒り、不信が育っていきます。そして親の権威が怖くなくなったときに、力関係が逆転します。

親のほうもあまり効率的にはコトは運びません。その場では一喝して子どもを従わせることができても、その気がないものを従わせるにはたいへんな労力と時間を消費します。

やる気のない部下に不得手な仕事を与え、勉強嫌いの子にさらに不得意科目を自習しろというようなものです。子どもが本当に言われたことを実行しているか、そのつどチェックし、「やりなさい！」を連発しなければなりません。

もっと怖いのは、子どもの中に自分で考え、自分を管理しながら行動し、その結果に責任をもとうとする力が育たないことです。家庭では親に、学校では教師にこの第一法で接されていると、つねに規制された枠の中で求められた行動をとるわけですから、今度はその枠や規制が取り払われたときに、何を基準に行動すればいいかがわからない。「指示待ち族」の大人になっても不思議はありません。会社や上司の求める枠や規制がなくなり、自分自身が行動の基準になったときに、何をしていいかわからない。自分を規制してくれるものを求めて、ある権威から次の権威へと、権威を求めて動く人生を送ってしまいます。

〈第二法の場合〉

では第二法はどうでしょうか。つねに子どもの意見が通って親が屈服する。第一法の家庭の子どもと比べると、反逆性、攻撃性、従属性、同調、ご機嫌とり、引っ込み思案といった特徴は少なく、またいくぶん創造性が高いという研究結果が出ています。

しかし自立という点で見れば、これはもう泣きわめきさえすれば自分の欲求はつねに通るという教育を受けて育つのですから、自分を管理しながら行動し、その結果に責任をもとうとする力はやはり育ちません。

いわゆるわがまま、自己中心的、利己的になり、おのずと「嫌われる存在」になり、たいていは幼稚園や学校で先生の権威や他の子どもの力の前に、対立や葛藤や屈服を体験してショックを受けます。

ゴードン博士は、この第二法の最大の深刻な影響として、「親の愛情に深い不安を抱くことが多くなること」を挙げています。第二法の親は当然いつも子どもに振り回されて、イライラした生活を送ります。そのため自分たちがそう育てたにもかかわらず、子どもに腹を立て、イライラし、拒否的な感情をもつようになります。子どもは親が拒絶的であることを感じながら育ち、さらに外に出ても他人から類似の――「私たちはあなたが嫌いなの」というメッセージを受け、「自分は愛されていない、受け入れられていない」という思いを強くしていくというわけです。

〈混合の場合〉

たいていの親は第一法と第二法を混合して使います。子どもが小さいうちは第一法で、徐々に第二法に移る家庭もあれば、初めは第二法で、徐々に第一法に移る家庭もあります。第一子にはおもに第一法で接し、第二子には第二法というところもあります。こういう家庭では第一子が「親は妹には甘い」「弟はひいきされてる」と思うことになります。よくあるパターンです。この混合のやり方の一貫性のなさのために、子どもはより深刻な情緒障害にいたることもあります。

いちばんよく見られるパターンは、長いあいだ子どもに勝たせておいて、子どもの行動があまりに手に負えなくなった段階で突然第一法で親が介入するというやり方です。

ただ、これまでに挙げたいずれにしても、どの親もこの二つの方法が本当に効果的だとは思っていないのです。だからそのミックスの配合の度合い、つまりどういうときに第一法を使い、どういうときに第二法にするかということに関心が集中してしまいます。

ゴードン博士は第一法でも第二法でもない、第三の方法を提示しています。

＊――だれも敗北しない「勝負なし法」

第三法というのは、欲求が対立している両者にとってよい解決策を探すための、いわば「勝負なし」法です。このやり方ではだれも敗北者になりません。というより、いやいやながら解決策に従う者がないように、だれもが「自分の意思でこの解決策を選んだ」と納得する解決方法です。

これは、ビジネスの世界では割に一般的なやり方と言えましょう。ただし両者の力の差があまりない場合。社会はやはり力関係で動くところが大きいので、どうしても小さいほうが大きいほうの要求をのむことになります。でも、あまり力の差の大きくない他者同士の希望が対立した場合、譲れないところと妥協できるところを双方が明確にして、互いに歩み寄り、両者が満足してしかも実行が困難でない解決策を探そうとする努力が行われるでしょう。

また、他者との対立がなくても自分が解決したい課題（来月のプレゼンテーションを成功させるにはといった短期的な課題から、部全体の業績を伸ばすにはどうすればいいかといった長期的なものまで）についても、思いつくだけの解決策を紙に書き、仮に十項目思い浮かんだら、それぞれの項目を達成するのに、またよい具体的方法を、思いつく限り書いていくというやり方も一般的です。

それを親子の関係でもやろう、というものです。

ですから親子のあいだだからこそ、慣れないがために抵抗を感じる親もありますが、現実にはビジネスの世界で、父親たちが経験しているものです。

ただし「勝負なし法」は、双方が妥協し合う、「私もこれだけがまんして譲るから、あなたもそのへんはがまんしてね」という妥協の産物とは違うのです。双方が欲求を明確にして、対立する点をはっきりさせ、一緒に解決策を探しながら、双方が納得できる策を選びます。いわば双方共に勝つ結果を生もうとするのです。

たとえばこんな具合。先に挙げた父親と十二歳の娘の例なら、勝負なし法ではこうなります。

娘　学校に行くわよ。行ってきまーす。
父親　外は雨が降っているよ。おまえはレインコートを着てないじゃないか。
娘　いらないわよ。
父親　雨はかなりひどく降ってるよ。洋服はダメになるし、かぜをひくかもしれないよ。
そしたら私たちが困るんだよ。
娘　でも、あのレインコート着たくないのよ。
父親　あのレインコートは全然、着たくないみたいだね。
娘　そうよ、大嫌い。
父親　あのレインコートが本当に嫌いなのか？
娘　そうなの。チェックだし……。
父親　チェックのレインコートはイヤなのかね？
娘　うん、学校でだれもチェックのレインコートなんて着ていないのよ。
父親　ひとと違うものを自分だけ着ているのがイヤなの？
娘　イヤよ。みんな無地のレインコート着ているのよ。白とか青とか緑の。

父親　そうか。ちょっと困ったね。チェックだからあのレインコートを着るのはイヤだっておまえは言うし、私は、雨で洋服がダメになって、クリーニング代を余計に払うのはイヤだし、おまえがかぜでもひいたら困るし……二人ともいいと思うようないい案はないかね。考えてくれないかなぁ。

娘　（黙る）……じゃ、今日はママのカーコートを借りていったらどうかしら。

父親　どのコートだっけ。無地かな。

娘　ええ、白よ。

父親　ママが今日、貸してくれるかな？

娘　私が聞いてみるわ。（数分してカーコートを着て戻ってくる。袖が少し長すぎるが、それもまくっている）。ママはいいって言ったわ。

父親　それでおまえはいいのかね？

娘　もちろん、いいわよ。

父親　それなら濡れないだろう。おまえがそれでいいんなら、私もいいよ。

娘　じゃあネ、行ってきまーす。

父親　行っておいで。元気でやってくるんだよ。

＊――対立点を明確にする

勝負なし法の大事なポイントは、本当に対立している点がどこにあるのか、その対立点を明確にすることです。たとえば先のレインコートの例で言えば、本当の対立点はレインコートではなく、「チェックのレインコート」にあったことがわかったわけです。娘にとってはチェックでなければレインコートを着るのはいっこうに問題ではなく、父親にとっては、レインコートさえ着てくれればいっこうに問題ではない。私たちの日常生活では、こんなふうに問題の対立点を見誤っていることが、実に多いのです。

たとえば、夫婦間でも、子育てのあいだに会話が遠くなってしまうケースは珍しくありません。子どもが小さいころは、夫も会社で責任ある仕事を任されるようになり、妻も育児に慣れず、時間的にも気持ちのうえでも互いに余裕のないときです。夫は疲れて帰宅したとたんに、妻から今日一日の子どもの報告や愚痴を聞かされる。「イヤな顔しちゃいけない」と思いつつ、気持ちは上の空です。妻のほうは夫が疲れているくらいは知っていても、「これは今日言っておかなくちゃ」と判断すれば、話します。

妻も働いていればなおのこと、夫婦が顔を合わせる時間そのものが少なくなりますから、たまに顔を合わせると、互いに「言っておかなきゃ」「聞かなくちゃ」の会話ばかり。たまったエネルギーだけがとがった言葉でぶつかって、あげくの果てに「もう私たちはダメなんだわ」という危機になります。

こんなときにも、まず対立点を明らかにしてみます。すると問題は、「互いの話を聞きたくない」にあるのではなく、「聞きたくないときに聞くのがイヤ」なだけ、つまり聞ける状態のときなら聞ける話であることがわかります。

初めから相手の話を受け入れられない状態で会話がスタートしては、うまくいくはずがありません。ですからこんなときも、まず自分が相手の行動をイヤだと感じているのかどうか、自分の気持ちを判断するところから始めるのです。疲れて話したくないのに奥さんが話しかけてきたら、「僕は疲れていて、君の話に集中しなければと思うと、余計に疲れてイライラしてくるんだ」とわたしメッセージを出していきます。自分のほうが話したいなら、「君も話したいらしいけど僕も話したい。いま自分のことで頭がいっぱいで、聞けないんだ」ということになるでしょう。ここで「話したい」と「聞きたくない」、あるいは双方「話したい」という対立が明確になります。

対立が起こるのではなくて、対立を明確にする——これが大事なのです。

こうして対立が明確になったら、「ではどうしようか」と解決策を探す方法に入ります。「疲れているならゆっくりして、寝る前に聞くのはどう?」とか、「夕ご飯の後に三十分くらい、十五分ずつでどう？」という具合に夫婦の会話でもアポイントをとる場合もあるでしょう。「そんなに忙しいなら、私のほうは明日でも大丈夫だわ」とか、「僕のほうは緊急だから、いま五分でもいいから聞いてほしい」と、互いにいろいろなアイデアを出し合うわけです。

この方法は、子どもには好評です。「あっ、意見が違った。じゃ、話し合う？」と子どものほうから言ってきたりします。自分も意見が言え、結論を親から押しつけられない、ということもさることながら、親と一緒に建設的な作業に加わって、一緒に話し合うというそのこと自体が楽しいようです。

＊――自分らしい解決法が見つかる

【五歳の男児と母親との勝負なし法】

対立の原因は『カプセルトイ』。スーパーマーケットの入り口などによく置いてあるもの。百円玉を入れると、丸いカプセルに入った小さなおもちゃが出てきます。ユウスケ君は『カプセルトイ』に夢中で、毎日百円玉を持ってスーパー店頭に通いつめたい。母親は、買ってもすぐあきて、また買いたくなるだけなので、余計なお金は使いたくない。両者の対立が激しくなってきました。そこで双方で考えられる解決策を出して、検討しました。紙と鉛筆を用意して、思いつく案をどんどん書いていくのです。
ユウスケ君とお母さんのあいだで挙がった案は六つ。
（イ）買うのをやめる
（ロ）今までどおり毎日買う
（ハ）一日おきに買う
（ニ）週に二～三回買う
（ホ）週に一回買う
（ヘ）お金をためてもっとためになる（？）おもちゃを買う

双方でよく話し合った結果、（イ）は子どもがイヤ（楽しみがなくなるから）。（ロ）は母がイヤ、どうしてもやめてほしい。そこで、母親はお金の大切さを本人に伝え、毎日百円をあげるからビンを用意してその中にためていく。どうしてもカプセルトイが買いたいときは、話し合いのうえ、週に一回ぐらいは買ってもよい――ということにしました。

さっそく、壁に箱を取り付け、その中に透明なビンを用意し、毎日百円ずつ入れていきます。カプセルトイを買うのは日曜日だけ。百円が十枚、二十枚とたまり、本人はごきげんです。

ユウスケ君は、いまではカプセルトイを買うより、お金をためるほうが嬉しいらしく、スーパーでカプセルトイの前を通っても平気になってきました。

勝負なし法では、まったく同じ問題でも、家庭によって、その親によって、子どもによって、まったく別の解決策が出てきます。カプセルトイを買うのも、毎日百円ずつ渡すのも、同じ無駄遣いだと考える親もいるでしょう。その場合は、それを譲れない対立点として検討するのです。

ですからあらゆる家庭に通用する解決策やスタンダードな解決策、大多数にとって最善の解決策などというものはありません。レインコートの例だと、その親子によって、その日はがまんしてチェックのコートを来て、後日別のものを買う約束になったかもしれないし、母親のコートをもらうことになったかもしれないし、あるいは母親のチェックのコートに対する〝美的評価〟を聞いているうちに、娘もチェックが好きになって、みんなと違っても平気になったかもしれません。

ゴードン博士が言いたいのはこの点で、すべての家庭に適用できる「最善」の解決策などはなくて、大事なのは「自分たちにとって最善の解決策を考えること」だというのです。こんなかわいい例もあります。

【三歳女児と父母の勝負なし法】

三歳のモエちゃんはパパが大好き。毎朝目が覚めるとき布団の中から大声で「パパー」と叫びます。毎朝、どうしてもパパに抱っこしてもらって一階に降りたいのです。パパがすでに仕事に出たあとだとひと騒動です。大声で泣きわめき、母親をひっかき、足を振り回して暴れます。ママは大変。朝の忙しいときにとても疲れるし、生傷も絶えません。

そこで、パパとママとモエちゃんの三人で、考えられる解決策を出しました。

（イ）モエが起きてから、パパが仕事に行く
（ロ）ママが働きに行って、パパが家にいる
（ハ）パパが早く（夜）家に帰る
（ニ）パパは仕事に行かない
（ホ）パパの代わりのぬいぐるみ（大きなミッキーマウス）と一緒に降りる

それぞれの案を検討すると、（イ）はパパが会社に遅れることもありうるからダメ。（ロ）（ハ）（ニ）は不可能。（ホ）はＯＫ。

最終的な解決策は（ホ）に決定。パパがいるあいだに起きたらパパに抱っこしてもらって降りるけれど、パパが会社に行ったあとはミッキーマウスの大きいぬいぐるみにパパの

代わりになってもらい、それにメガネをかけさせて一緒に降りてきて、さらにパパの椅子に座らせ、朝食も一緒にとる——ということになりました。

さっそく、翌日から実行。モエちゃんは朝、気持ちよく起きるようになり、母親のひっかき傷や青アザもなくなりました。

「三歳でも、意見を出そうと言うと、とても喜んで積極的に参加してくれて驚きました。自分も加わって決めたので、実行するのもたいへん楽しみにしている様子でした。幼いので、翌日には気が変わることも覚悟していましたが、杞憂《きゆう》でした」とは、お母さんの感想です。

＊——「勝負なし法」はこう進める

初めて「勝負なし法」を家庭で使ってみようとするとき、たいていの親はそれを切り出すのにひと苦労します。小さい子どもの場合は説明抜きでごく自然に実行できますが、それまでにすでに第一法や第二法にばかり慣れていると、親もテレくさいし、子どももうさんくさそうに見たりします。

そういうときは思い切って、「もっといい親になりたくて、親業訓練を受けているんだけどね、そこで習った方法をやってみたいんだ」と言ってみるのもいいでしょう。親業訓練講座では、勝負なし法を使う前に、まず子どもと話し合って、これがどういうものかをよくよく説明するようにお話ししています。きちんと説明してから使いはじめた家庭のほうが、子どももスムーズに入れます。

勝負なし法には六つの段階があります。

1 何についての対立かをはっきりさせる
2 各自いろいろな解決策を出してみる
3 双方によい案を選び出し、一つひとつ評価・検討する
4 いちばんいい解決策を選ぶ
5 その解決策を実行するときの注意点を考える
6 うまくいっているかどうかチェックする

それぞれの段階での注意点を挙げておきましょう。

1 何についての対立かをはっきりさせる

子どもに「これこれのことを何とか解決したい」と、はっきり手短かに話します。自分が何を不快と感じているか、自分のどの欲求が満たされていないかを、ありのままに「わ

たしメッセージ」で正直に伝えるのです。うわべだけの「家族会議」でなく、本心から子どもと一緒に、子どもも満足できる道を共に探そうとしていることが子どもに伝わるように。ためらいがちにグズグズ話したり及び腰になってはいけません。

そして能動的な聞き方で子どもに接し、正直な気持ちが表明できるようにして、問題のうちのどこが対立の原因になっているかを確認します。

ある家庭では夕食のときに娘たちの見るテレビについて父親と対立したとき、対立点は音のうるささだけとわかりました。娘はその番組は画面を見ているだけでもおもしろい、音はなくてもいいというので、その解決策に同意しました。対立点が明確になればこんな解決策も出てくるといういい例です。

2　各自いろいろな解決策を出してみる

対立点が明確になったら、「もうこれ以上解決策は出ない」とみんなが思うまで、出たものについては評価したりコメントを出したりしません。一見実行の可能性が薄いと思われるものでもとにかくたくさん出るように、子どもが不慣れで解決策が浮かばないうちは、導入部では「何かいい解決策はない？」とか、「ほかには？」とか、また「こんなのどう？」といくつか出します。慣れてきたら子どもから先に解決策を引き出すようにし、自分のものはあとから付け加えます。

3　出てきた解決策を一つひとつ評価・検討する

どんな理由であれ、親と子のどちらかに受け入れられないものははずします。「これはイヤだ」「それじゃ私たちに不公平だ」という感情を、双方正直に口に出します。日ごろ親の力に従わせていた場合は、このとき子どもが感情を表現しにくい雰囲気をつくり出さないように。残ったものはそう数は多くないはずです。その実行の可能性や、それを実行するとしたら新しく買わなければならないものがあるかどうかなども比較検討します。

4　いちばんいい解決策を選ぶ

ベストと思われるものがわかったら、「じゃ、この解決策でいいのかな」と子どもの気持ちを確認します。変更不可能の解決策ではなく、「では、ともかく明日からこれでやってみる。うまくいかなかったら、また考えよう」というように。その解決策に各人がいくつか約束ごとがあるなら、それも明確に紙にきちんと書いておきます。「自分たちが用意したことだから、お互いに約束は守ろうね」と、親も子も参加者全員がそれぞれの意志で決めたことを明確にします。

５　その解決策を実行するときの注意点を考える

ベストの解決策を選んでも、細かい検討事項が残ることが多いものです。家の仕事の分担などなら、「週に何回、何曜日に、どれだけ」とか、「いつやり始めるか」などです。実行しやすいようにするための品物、家庭で使うホワイトボードや整理用のたんすなども、だれがいつ買いに行き、だれが支払うかまで決めることが必要なときもあるでしょう。整理整頓や家事などはこうした楽しい小物に助けられることも多いので、経済性との折り合いで上手に取り入れましょう。

６　うまくいっているかどうかチェックする

決めたことがうまくいっているかどうかチェックします。ただし決めたことを守らせるためにでなく、うまくいっていないとしたらどこに原因があるかを探すためのものです。子どもは実行の難しさが予測できずに決定に同意してしまうことも多いし、親子ともにその後の事情で約束が果たせなくなることもあるのです。親のほうから子どもに「どう、あれはうまくいってる？」「あの取り決めのままでいい？」とときおり声をかけます。

家事の分担などは、実行してみると、ある子どもは週に五、六時間も働き、ある子どもは週二時間ということも出てくるもの。だれかから修正の希望が出たら、そこでまた修正案を検討します。

実際にはこんなふうに六つの段階を順を追って進まない場合もありますし、その場で何秒もかからず解決策がだれかから出ることもあります。

こうして説明すると儀式ばって面倒で時間がかかるように思う人が多いのですが、実際は親が考えるほど難しくはありません。ただ、親子が慣れるまでに少々時間が必要かもしれません。

そのためにも、話し合いには子どもが忙しいときやどこかに出かけようとしているときを避けて、家族（当事者）が全員落ち着いて話せるときを選びます。みんなのスケジュールが合わなければ、「じゃ、いつがいいかね？」とみんなでスケジュールを調整し合うのです。

こんな勝負なし法もありました。お母さんと一緒に寝たいという例です。

【女児と母親との勝負なし法】

第一段階――問題を明確にする

ヒロミ――お母さんと一緒に寝たい。

母親――子どもが自分から一人で寝たいと言うまでは一緒に寝てやりたいが、一度ふとんに入ってしまうと、出るのがおっくうで自分のほうが寝てしまう。自分の仕事（編物）もできない。

第二段階――考えられる解決策を出す

（イ）　母親がヒロミのふとんの中で編物をする
（ロ）　母親がヒロミのふとんに足だけ入れて座る
（ハ）　母親は居間にいたままで境のふすまを開けて、寝床から母親の姿が見えるようにする

第三段階――解決策を評価する

（イ）　寝ながらだと、やりにくい
（ロ）　一応よいとする
（ハ）　家具を移動しなければならず、大変

第四段階――双方が納得いく解決策を決定する

ヒロミ――電気をつけて寝ることはかまわない。本当は一緒に寝てほしいけれども、足だけ入れてくれるというので納得。
母親――よりかかれず疲れるが、長時間でないので納得。

第五段階――解決策を実行に移す

ヒロミに了解を得て実行する。

第六段階――結果を評価する

ヒロミは、母親が傍にいることで安心して眠ることができ、母親もその後起きるのがおっくうでなく、編物もできるようになった。

ある家庭では、飼い犬の世話の問題を、こんなふうに解決しました。

【母子の勝負なし法】

母親は「犬を飼うようになってから、結局世話は自分の手に押し付けられるので、朝の仕事が増えてイライラする」

長男は「朝は自分の事以外はあまりやりたくない」

長女は「犬の世話は朝以外にやりたい」

そこで出し合った解決策は、子どもたちが、

（イ）　起こされなくても自分で起きる

（ロ）　犬の餌をやる

（ハ）　犬の散歩に子どもが行く

（ニ）　弟の面倒をみる

（ホ）　小屋のまわりの掃除をする
（ヘ）　朝ごはんづくりの手伝いをする

それぞれの解決策を検討すると、（イ）（ロ）（ニ）（ヘ）はマル。（ハ）（ホ）は子どもがイヤ。そこで、みんなが納得いく解決策としては、「長男は一人で起きて、犬に餌をやる。長女は弟の面倒をみて朝食づくりを手伝う。母親が犬を散歩に連れて行く」ということに決まりました。

スムーズに実行できるように、長男は一人で起きるので、自分専用の目覚まし時計を買いました。

結果は、子どもたちが協力してくれるので、母親は犬の散歩にイライラしなくなりました。また、子ども二人が散歩に行きたがらず、どちらかといえば犬の世話以外のことで協力してくれることになったのが母親には意外でした。長男は起こされなくても目覚まし時計で起きて犬の餌をやり、長女は弟の面倒をみながら朝食を手伝う。母親はちょうど長女に少しずつ料理を教えようと思っていたところだったので、願ったりかなったりの結果になりました。

＊――「学校をごまかしても行きたい」

最後に、あるお母さんからのお便りを紹介します。高校生の女の子と家族との勝負なし法です。

高校生の長女が夏休みに友達七名で、二泊三日の予定で、友だちの父親の勤務先の保養所（伊豆）に遊びに行きたいと言ってきました。日ごろの生活態度や友だちの様子もわかっているので、私たち家族は承諾したのですが、学校に提出する親の承諾書を見ますと、「成年に達した同行者がいるか」という項目があり、これについてどうするかで意見が分かれました。

わが家ではおなじみの勝負なし法で、さっそく紙と鉛筆を持ち出して、

（イ）同行者はいらない
（ロ）同行者がいることにする
（ハ）メンバーの親か兄姉に頼んで行ってもらう
（ニ）母が同行する

の四つの解決策が浮かびました。子どもたちは保護者なしで、自分たちだけで行きた

いということが第一なのですから、（ハ）（ニ）は始めからダメ。でも、（イ）（ロ）となれば、学校をごまかすことになります。子どもたちは「学校をごまかしても行きたい」という意見。さすがに私たちも悩みましたが、やはり学校に嘘をついてコソコソ行くのでは楽しみも半減するだろうということになって、「自分たちだけで行きたいという気持ちを認め、日頃の生活態度から信頼してまかせるが、成人の同行者がいないことを学校へ正直に届ける」という解決策に決めました。

そこで承諾書にありのままを記入し、「子どもたちだけで行ってきたいという強い希望なので、責任ある行動ができるものと信頼しております」とひと言加えて提出しました。

二日後、長女は帰宅するなり嬉しそうに、「先生は、親が承諾すればいいんだって！」。お友達の家族もみんな、親子共々ほっといたしました。

とにかく、学校をごまかしても行きたいという気持ちに驚きましたが、勝負なし法のおかげで、感情的に子どもと対立せずに済み、正直に届けるということがすんなり決まってよかったと思います。

時間をかけて話し合っただけあって、子どもたちはみんな楽しく、節度ある二泊三日を過ごして帰ってきたようです。

■コラム⑤　ホンネを話す訓練ができていると、会社でも自信がつく

周囲を配慮しながら自分の判断を基準にホンネを話す訓練ができていると、会社でも自信がつくものです。

とくに中間管理職は板挟みです。下は思うことをどんどん言います。若い者の考えもわかり、かついまは上の意思もわかるから、おいそれと「そうだ」とも言えない。

大手メーカー課長のフジノさんは奥さんが親業訓練を学んだことで自分も少なからぬ影響を受け、それが職場で実によく生きているのに驚くといいます。部下と上司の板挟み状態のときも、以前は部下の話をひととおり「ウン、ウン」と聞いた後で、「君の言うことはわかる。だが上の意思がこうである限りはしょうがないだろう」という言い方をしていたのが、いまは聞くときにもそれまでの形式的な「ウン、ウン」ではないので、部下は自分の考えが理解されたということを、実感として受け止めてくれるようになりました。

またフジノさんは上層部の意思とのあいだで考えられる限りの選択肢を検討し、

その中で「自分はこれを選んだ」というプロセスを部下に明らかにするのですが、最近は「上の意思だから」ではなく、「これこれの選択肢の中なら、僕はこれがベストだと思った。なぜならこれこれの理由だからだ。この選択をどう思うか、それは君の判断に任せるよ」と言うようになりました。何より自分の選択の結果がどう出ても、それを引き受けるという覚悟が態度に出るようになりました。

そして自然と、部下がどう評価するだろうかとか、上司がどう思うかということにあまりとらわれなくなりました。そうなって初めて、フジノさんは自分がそれまで部下にとって理想の上司でありたい、そう思われたいととらわれていたことに気づいたと言います。

また上司と対立するのも怖くなくなりました。「先日の件ですが、よく考えてもやはりこれこれのほうがいいと思います」とただ主張するのでなく、「たとえばこういう方法をとれば……」と、双方の対立を解消する案をいくつか選択肢として用意しておく。それ以前に、対立が予想されるときには「万が一これで○○部長からにらまれてもいいと思えるか」、それとも「おれはまだ○○部長から快く思われないのは困ると思っているのか」を自問自答します。そして後者の場合でも、「ではにらまれずに主張を述べるにはほかにどんな方法があるか」とさらに積極的に考えた末に話すので、つねに「やるべきことはやった」という充実感があり、不思議と気持ちが自由だと言います。

こんな思考のプロセスを常時くり返していると、人はどんなことがあっても自分は対応策を考えられるという自信がつきます。そして結果を引き受ける覚悟も備わって、自然と自分の判断を基準に生きていく実感と自信が得られるのではないでしょうか。

第6章

勝負なし法の注意点

＊――勝負なし法が効果的なわけ

勝負なし法はなぜ効果的なのでしょうか。

1　参加の原則に従っているから

人はだれでも他人から強制されたことより、自分で望んだことのほうを、より一生懸命努力します。これはビジネスの世界でもどこでも同じ。仕事の動機づけと士気の関係です。勝負なし法は参加の原則に従っているので、子どもが自分で決めたことという実感をもち、「決めたことを実行しよう」という気になります。それにまた、勝負なし法では、子どもの出した解決策が最終的に採用されることが結構多いのです。子どもは当然それがうまくいってほしいと願います。

ある塾の先生は、一人の生徒がどうしても宿題がイヤでしてこない、でも先生は出す必要があるというので、二人で勝負なし法で解決策を探りました。(イ)宿題を全廃する、(ロ)テレビを見る前にする、(ハ)枚数を少なくする、など三つの案を出し、本人ができる枚数を決めて、それだけは必ずするという約束にしました。そして、これなら必ずできるという枚数を「算数のプリント二枚」と決めて実行に移しました。

枚数は確かに少ないのですが、本人が自分で決めたことなので、確実にしてくるようになったので、結果的には結構進んでいけるようになりました。

2　よい解決策が見つかる

「三人寄れば文殊の智恵」とは昔から言いますが、まさにそのとおり。とくに紙に書くと問題が整理され、解決すべきポイントがどこにあるかが明確になるので、ただ話していたのでは出てこないような名案や珍案も出てきます。これは勝負なし法ならではの楽しさとも言えます。

第4章の「環境改善」で紹介した例では、水槽に土や石を入れて、コオロギを飼ったはいいが、餌をやってめんどうを見るのはお母さんでした。お母さんからの発案で、長女（十歳）長男（七歳）二男二女（五歳）みんなで勝負なし法で解決策を出したのです。

結局、やりたい順に二日ずつ当番を決め、お姉ちゃんが表を書いて見える所に貼っておくことになりましたが、それに決まるまでには、「虫かごを四人分用意して、その中にコオロギを分けて入れて、めいめいで飼う」とか「家の中で放し飼いにする」「畑に逃がして餌を持っていく」など、いろいろな解決策が真剣に討議されました。解決策を検討していく過程で、本当に自分たちでコオロギを飼いたい気持ちも確認できました。その気持ちを実現するために決定した解決策がベストであることがみんなで納得でき、「当番表」のかたちになったのです。

3　親子ともに思考力が伸びる

とくに子どもが一人でよく考えるようになります。というより、実際には考えざるを得なくなるのです。問題解決のためには論理的な思考能力を必要とします。第一法、第二法ではこの思考能力や推理能力を発達させる機会はありません。ゴードン博士は、将来統計をとったときに、第三法（勝負なし法）を使う家庭の子どものほうがそうでない家庭の子どもより知的能力が高いという研究結果が出てきても驚くにはあたらない、と述べています。まったく同感です。

4　強制の必要がない

勝負なし法では、解決策を実行するのに強制したり子どものお尻を叩く必要がほとんどありません。自分で納得して決めたということもありますが、はじめから、子どもの性分や得意、不得意も含め、無理なくできるものでなければ、解決策として選んでいないからです。また、欲求が対立していながら、その解消のために共に考え、共に知恵を絞るという目的とプロセスを共有しているので、子どもから親への敵意や反発が驚くほどなくなるのです。これも実行しやすくなる一因です。

5　問題の本質がはっきりする

勝負なし法では、「本当に問題だったことが何か」が見えてきます。

私たちの講座にいらしていたあるお母さんは、子どもたちのくつ下を洗うのが大変で、子どもたちに役割分担をさせたり、整理方法を考えさせてみたり、いろいろやってもなかなかうまくいきませんでした。でも子どもたちと何度も勝負なし法を試みているうちに、自分が望んでいたのは、子どもたちに手伝ってほしいことではなく、家族みんなの洗濯物を毎日毎日片付けることがどれだけ大変か、それを理解してほしかったのだということがわかりました。

また、学校や幼稚園に行きたがらないという子はとても増えていますが、本当の原因が実は家庭での不安――お母さんが幼稚園に迎えに来てくれないのではないかと心配したり、お母さんともっと遊びたいことなどにあることがわかったりもします。

ゴードン博士は、これについてご自分と娘さんの例を挙げています。

■勝負なし法は真の問題を明らかにする

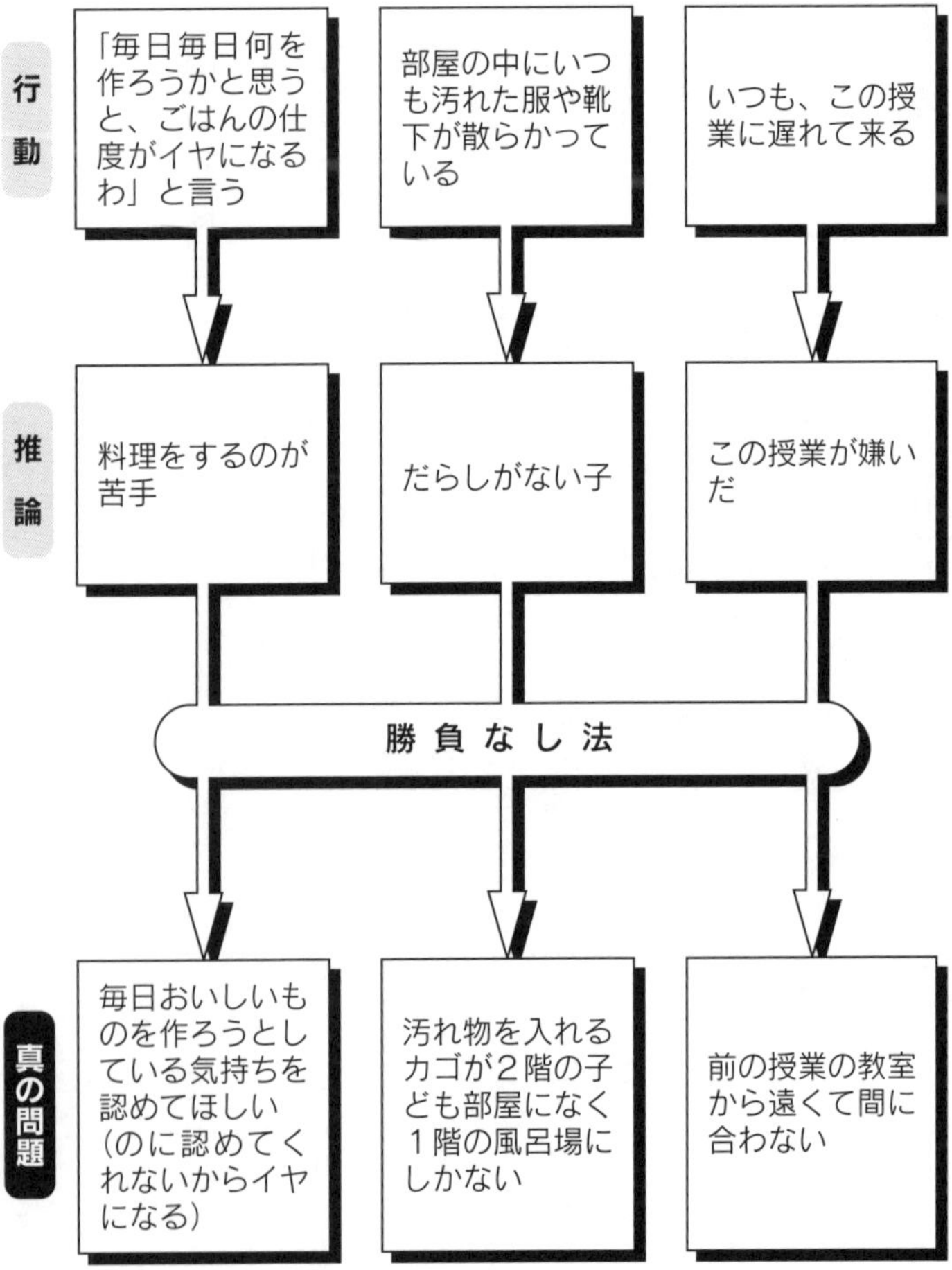
行動
「毎日毎日何を作ろうかと思うと、ごはんの仕度がイヤになるわ」と言う
部屋の中にいつも汚れた服や靴下が散らかっている
いつも、この授業に遅れて来る
推論
料理をするのが苦手
だらしがない子
この授業が嫌いだ
勝負なし法
真の問題
毎日おいしいものを作ろうとしている気持ちを認めてほしい（のに認めてくれないからイヤになる）
汚れ物を入れるカゴが２階の子ども部屋になく１階の風呂場にしかない
前の授業の教室から遠くて間に合わない

——娘が十五歳のとき、復活祭の休みを数人の女友達と一緒にニューポートビーチ（カリフォルニアの「男の子のいるところ」で過ごしたいと言いだした。男の子のほかにビール、麻薬、警察官もいる）で過ごしたいと言いだした。私も妻も毎年何千人もの高校生がそこで何をくり広げるかは熟知しており、その心配について娘によく話をしたが、娘は私たちが心配から大げさに話していると受け取っていた。

やがて能動的な聞き方で聞いていくと、娘の望んでいるのは「学校が始まるまでに肌が日焼けしているようにしたい」ということで、そのために「仲良しの女の子と、どうせなら男の子のいるような海岸の近くで休みを過ごしたい」ということであることがわかった。それから二日後、娘のほうから、「男の子のいそうな海岸が近くにあるゴルフ場を選んで、パパとママも一緒に週末にそこに出かけないか」という提案を持ち出してきた。もちろん私たちは飛びついて、私と妻は日中はゴルフを楽しみ、娘たちは海岸で過ごした。

残念ながら行ってみたら海岸には男の子がほとんどいなくて、娘たちはガッカリした。でもそれで私たちを恨むようなことはなかった。——

こんなふうに、せっかくの解決案もだれかが失望する結果に終わることもあります。それでも勝負なし法の場合には、失敗の原因が偶然や運によるものであることを理解して、そもそもの対立の相手——親への恨みや反発に転嫁されることはないようです。これが自分の決めたことの結果をちゃんと引き受けるということであり、勝負なし法が決して子どもに甘い解決方法ではないというい例です。第一法や第二法で思わしくない結果に遭遇したときは、必ずその案を押し通した側を、勝負に負けた側が「ほら、みなさい」と非難することになります。そして責任転嫁が起こると、自分の人生に対する責任を負うことができなくなってしまいます。

＊――疑問に答えて

「勝負なし法」には、こんな疑問をもつ方がたくさんいます。

1 「親の指導性はどうなる？」

これは、よく聞かれる質問です。「親は子どもより人生経験を多く積み、たくさんの知識を蓄積し、判断力もすぐれている。だからこそ子どもを導く義務があるし、権利もあるのではないか？」「勝負なし法の解決では、その場では一見民主的な解決に見えるが、現実には、親の指導がないがために、その後の子どもの人生をつまらないものにする可能性も大きいのではないか？」「もう少し大きくなれば、お父さんの言うとおりにしておいてよかったと思うようになる、だからいまはがまんしてこっちの道を歩め――親には強くそう主張する必要があるときも、多々あるのではないか？」というものです。
これについては、次の章で、もっとじっくりお話ししましょう。

2 「時間がかかるのでは？　めんどくさそう」

最初は確かに時間がかかるかもしれません。やり方になれていないからです。また、家事の分担や寝る時間、テレビのチャンネル選択の権利などは、「勝負なし法」は時間がかかります。でも、第一法、第二法の「勝負あり法」に比べれば、決まったあとはずっと継続して守られます。少なくとも守られる可能性がいちばん高いのです。取り決めのための時間を短くしたいのか（短くしたいだけなら、どちらかの言い分を力関係で通すのがいちばんです）、それとも本当に問題を解決し、さらに問題解決の能力もつけたいのか、これがポイントです。

実行してみればわかりますが、実際には長時間かかるものはごく少なく、たいていはその場で解決できます。

また、そう長い目でみなくても、勝負なし法の最大の利点は「時間が節約できること」です。勝負なし法に慣れてある期間が過ぎると、やがて対立そのものがなくなってしまうからです。欲求が対立に発展する前に、小さな段階で互いに双方が大事にしていることをじゃましないように、配慮するようになるのです。小学生でも自分に欲求があるように、親にも他の兄弟にも欲求があることをごく自然に理解するようになり、「僕はこうしたいけど、ママはどうしたい？」「じゃ、こうするのはどう？」という話し方と思考能力がちゃんと身についてきます。

3 「親を尊敬しなくなるのでは？ 親の賢明さが見えないのでは？」

「友達同士で話し合いをするように解決策を出し合うのでは、親も子どももとまったく同レベルに扱われるということだ。これでは親を尊敬しなくなるのではないか？」という疑問もまた多いのです。

でも、これも実践してみればわかることですが、むしろ親の人生の先輩としての力がはっきり見えてきます。いろいろ解決策を出し合うとき、人生経験も長く、智恵があり、先を見る力があれば、よりよい解決策も数多く提案できます。子どもは「あ、そんな方法もあったのか」「なるほど、これは無理だと思ったけど、こうすればちっとも無理じゃないんだ」と、むしろ親が自分より優れた人生の先輩であることを、実感として受け止めます。

また、自分たちを公平に扱ってくれるということで、信頼もし、尊敬もするようになります。

「親である自分のほうが賢明だ」と思い込んでいるとしたら、自分の子どものころのことを思い出してみたらいいでしょう。私たちが子どものころ、少なくとも自分のからだの状態（痛い、眠い、おなかがすいたなど）や気持ちの状態（何がつらくて何が嬉しいか、どんなときなら仕事や勉強がしやすいかなど）について、親がなかなかわかってくれなくて、もどかしい思いや腹立たしい思いをしたことがたくさんあるはずです。

人は成長して時間がたつにつれて、子どものころのことをだんだん忘れますし、また自分の子どものころをよく覚えている親であっても、自分の子どもと自分とは別の人間です。子どもの考えや感情を親がわからなくてもしかたありません。でも、子どもの声に耳を傾けてわかろうとする親と、初めから子どもの状態も自分のほうがわかっていると思い込んで耳を傾けない親と、あなたが子どものころなら、どちらを尊敬したでしょう。

4 「小さい子の場合は無理じゃない？」

これまた間違いです。それは実際に自分のお子さんや親しいお子さんにでも試してみればわかります。事例で紹介したミッキーマウスのぬいぐるみのモエちゃんは三歳でした。一歳の子どもとも勝負なし法でコミュニケーションがはかれたという事例もあります。私たちの手元にはこうした幼児と親の勝負なし法の報告が、実にたくさんあります。本書ではほんの数例しか出していないので、巻末の参考図書の中から、ぜひお読みになってください。

＊――勝負なし法を上手に使うために

1　これまでの方法をミックスして使おう

勝負なし法は、欲求が対立していることを解決し合うのですから、互いにフランクにどんどんホンネが出ないと、本当の解決にはなりません。とくにそれまでフランクな対話が少なかった家庭なら、能動的な聞き方で、子どもの気持ちを確認しながら、思考を整理する手助けをしていきます。同時に、自分の気持ちを「わたしメッセージ」で明確に伝え、子どもも同様に「わたしメッセージ」を出しやすいようにします。最初は母親の日ごろの自分たちへの対応について、不満が続々と出てきたりしますが、それまでの不満やたまった感情を吐き出した後は、親の言葉にも耳を傾けるようになりますし、前向きに積極的に課題に取り組むようになります。これは大人も子どもも変わりません。

2　不信と抵抗にあったら、問題は一時棚上げに

勝負なし法を試みようにも、何度声をかけても子どもが話し合いそのものを拒否すると

か、話し合いの席にはつくが、ただふくれて座っている、親を冷ややかに見ているだけ、といった「とりつくしまのない」抵抗に出合うことがあります。言うまでもなく、それまでにすでに親子のあいだにそれだけ溝ができてしまっていて、「どうせ親は自分たちの言うことなど聞かないさ」と思い込んでいる場合です。

こういうときには、さしあたって解決したい具体的な問題は一時棚上げにして、まず相手がこちらに心の扉を開くよう、こちら側の扉はすでにちゃんと開いているのだということを伝えなければなりません。第２・３章に戻って、ときには黙って聞き、相手の話を促す受動的な聞き方をし、さらに能動的な聞き方で、子どもが親に何を感じ、何に抵抗しているかに耳を傾けます。

子どもが話したがらなければ、こちらから「わたしメッセージ」で、「これまでのように親の権威で決めたくない」「本当に真面目に両方がいいと思う解決を見つけたい」「だからといっておまえに譲歩しようとしているのでもないし、私も自分の望みはちゃんと主張するから、おまえも何を欲しているか、話してほしい」ということを、きちんと語っていきます。

一度の試みですぐに成功を期待しないことです。子どもがいつまでも黙りこくっているなら、「じゃ、今日はこれくらいにしよう。また二、三日したら話したいな」と、いったん棚上げにして、また別の日に声をかけるといった姿勢で臨みましょう。

それほどの事態になるには、それだけ長い年月がかかっているのですから、関係を修復するにも気長に取り組むことです。

3　両方が受け入れられる解決策が見つからないときはどうする？

解決策が見つからなかったときはどうするか？　これはよくある質問なのですが、勝負なし法の場合は両方にいい解決策が出ないということは、あまりありません。もちろんまだ親子がどこかで自分たちの力を通そうという気持ちで臨んでいれば、別です。そうでないのにこれという解決策が思い浮かばないときは、第二段階に戻って、迷案・珍案でもいいからもっといろいろ案を出してみるとか、いったん打ち切って翌日また話し合うとかする。また、「解決策が見つからないのは、何かもっと隠れた問題があるのではないか？」と、第一段階に戻って探してみる。「何かまだ私たちが気づいていない問題があるんじゃないかな？」と語りながら、親の気持ちをわたしメッセージで表現し、子どもの気持ちは能動的に聞いていきます。

「何もいい案が出ないなら、お父さんが決めるぞ」などというのはダメ。ここで第一法に逆戻りしてしまうと、子どもは不信感をまたぶり返させるし、次の勝負なし法を使うときにも、親を信用しないでしょう。

４　約束違反は罰するか

自分たちで決めたことなのに約束を守れないときはどうするか？　約束を守らせるために罰を設けたほうがいい（もちろん親も違反した場合は同様）、という意見は、子どもからも出ることがよくあります。でも、罰は設けない、と決めたほうが結果的にはうまくいきます。大人も子どもも「決めたことは実行することが当然の前提」と考えるのがこの勝負なし法ですし、正確に言えば、「罰がなくても実行できる取り決め」でなければ、本当の解決策にはならないからです。「自分たちで決めたことを守れないなんて」とはいいますが、子どもは必ず約束を果たすべきものだと考えないように。決めたことができない場合は、

・それまで親の管理が厳しかったり、また甘やかされたりして、子どもが自分で自分を律する訓練ができていない

・実行が難しい取り決めをした

そのどちらかが多いのではないかと考えてみましょう。自分で自分を律することができるようになる――それこそが自立の大きな柱です。できないからといって罰を設ければ、

やはり罰のために自分を律することに戻ってしまいます。

また、勝負なし法の解決策を出し合う話し合いにあきて、めんどうくさくてだれかの出した提案に賛成したのかもしれません。なぜ取り決めが守られないか、その原因をよく考えて修正するほうが大事です。

それでも決めたことが守られないこと自体はやはり歓迎できないことなので、それは「わたしメッセージ」で、「あなたが決めたことを守らないでお母さんだけ守るのだったら不公平みたいで、がっかりだな」「君も賛成して選んだはずなのに、自分の分をやっていないね。お父さんは自分だけ自分の分をやるというのはイヤだな」といった表現をしていくこと。そしてなぜ守られないかの原因を探します。

そして約束を忘れないようにするにはどうすればいいか、ホワイトボードに大きく書いておくとか、紙に書いて子ども部屋に貼っておくとか、時間の問題ならタイマーをかけておくとか、楽しい小物に助けてもらうのもいいでしょう。

5　甘やかされてわがままになった子どもは？

第二法に頼っていた親は、とくに第三法（勝負なし法）に移るのが大変です。子どもはそれまで自分の思いどおりになっていたのですから、当然抵抗します。

第二法中心だった親は、覚悟を決めて断固とした姿勢と態度を示す必要があります。子どもが自己中心的で人への配慮もまったく働かず、人に嫌われたまま育っていっていいのか、将来自分たち親子の関係がどうなるのか、それらをとことん考えて、「それでは困る」と覚悟が決まらないうちは、勝負なし法をやってみてもうまくいきません。

ゴードン博士が出している事例では、十三歳の娘のわがままに困った両親が初めて「勝負なし法」を試みたときの例が出ています。

――初めて両親が第三法（勝負なし法）を試みたとき、娘は自分の思いどおりにならないので、かんしゃくを起こし、泣いて自分の部屋に駆け込んでしまった。

そのときは父親が娘の後を追いかけて、「この問題にパパもママも頭を抱えている。何とか解決したい。どちらが勝つでも負けるでもなく、両方が納得できる解決策を探そうとしているのに、おまえがテーブルに戻らないと話もできない。一緒にテーブルに戻ってくれないか」と語った。

娘は涙をふくと父親と一緒に席に戻り、数分後には彼女も両親も満足のいく解決策にたどりついた。そしてその後再び話し合いから逃げ出すことはなかったし、感情を爆発させることで親をコントロールできないとわかってからは、泣いたり怒ったりで自己主張することはなくなった。――というものです。

6　子ども同士の勝負なし法では親はレフェリーでいいか？

兄弟げんかは毎日ひんぱんに起こります。兄弟げんかでは親はしょっちゅう仲裁役やら審判役やらを務めます。はじめは双方のあいだに入ってとりなし、やがて収拾つかなくなると、双方の言い分を聞いたうえで審判を下す。これが一般的な姿でしょう。

こうした兄弟げんかのときも、親は裁判官やレフェリーにはなってはいけません。問題の所有権は子どもたちにありますから、それを侵してはいけないのです。親がつねにレフェリーになっていると、子どもは自分たち当事者同士で解決の道を探ろうとせず、親や教師などの〝権威〟に審判を仰ぐ習慣がつき、せっかく自力で解決する力が伸びるチャンスを失ってしまいます。

こういうときは親は能動的な聞き方で、双方の気持ちを言語化して整理していき、互いに相手が何に怒り何を求めているのかがわかるようにしていきます。それだけで解決してしまうこともありますが、問題が整理されてもなお対立が残るようなら、親が勝負なし法を提案します。何回か試みているうちに、子どもは自然と自分たちで勝負なし法で解決策を探すようになることが多いのです。

■コラム⑥　過去のこだわりは変えられる

次に紹介するのは、親業訓練協会インストラクターのイトウさんのお話です。

私は美容学校で十八年間講師をしていました。若い人に美容の理論と技術を伝えることが魅力で、誇りでもありました。ところがこちらが一生懸命のわりに肝心の生徒はむしろ敬遠気味。「うるさい先生」と嫌がられている自分を感じて、空しい毎日でした。「あの先生は私たちをちっとも見ていないから嫌い」という生徒の声を人づてに聞いたときはショックでした。

それが七年前のある日、同僚の一人から親業訓練の講座のことを聞き、夏休みに四日間の集中講座を受けてから、生徒とのあいだも変わりました。「うるさい」「静かにしなさい」の代わりに「わたしメッセージ」を送り、生徒の言動そのもののより、その背景にあるものを見ようとしました。いちばん私に背を向けていた生徒が卒業するとき、「先生、会話は下手だけど、一生懸命私を見てくれていたのはわかってた」と言ってくれたのが何よりでした。次の年からは毎年生徒との出会いが楽しみになりました。

そんなとき定年を迎えた父が大腸ガンになって手術をしました。手術室から出た父の姿を見たら、涙だけがとめどなく出てきました。何か言葉をかけたかったのですが、口に出すべき言葉が見つからなかったのです。術後に父の病室を訪れても、互いに何を話していいかわからないのです。

子どものころ、父はとても忙しかったので、休日に遊園地に行こうとかキャンプに行こうという約束はいつもおじゃんでした。そのうち期待しないようになりました。母は家事と私と妹の育児を一人で背負い、ときにイライラしていました。

そのうち父とはうまく話ができなくなりました。話は聞いてくれるのですが、私が何をしたいのか、何に迷っているのか、明確に伝えられないと父は怒るだろうという感覚がありました。思うように話せなくて涙が出ると「なぜ泣く」とまた叱られる。こちらが成長して家を出ると、互いに話す必要のない生活になりました。

父が手術室から出たときの私の涙は、本当は父ともっと深く関わりたかったという悔いの涙でもありました。親業を学んで周囲の関係が楽しく充実してきたのに、大切な父が苦しい状態にあってなお、いまだに自分の気持ちをオープンにできずに声ひとつかけられない、その情けなさであることもわかりました。両親との関係がこのままでいいのか、悔いなく、充実した関わりをもちたいと、自分が強く願っていることを知りました。

イトウさんのお話からうかがえるのは、多忙な父、家庭を任されて気持ちのゆとりのない母親という、戦後の高度成長期のごく一般的な家庭像です。

イトウさんは、自分の家庭を「あまり率直な思いを語る家ではないと思っていた」「自分が父にされたことを、自分も美容学校の生徒にしていたのだと、そのことに気づいたときはショックでした」と話していました。

この話から私の目に見えてくるのは、愛情をどう表していいかわからない、無器用で無口で表現下手という、古き時代の多くの家庭に見られた、やはりごく一般的な父親像です。娘の要領を得ない話に怒りを見せるのも、わが子の悩みに器用に対応できない、自分へのもどかしさではないでしょうか。

イトウさんはその後親業のインストラクターの資格を取り、資格取得後いちばん先に、自分の家族を対象に親業の講座を開きました。彼女のマンションを教室にし、インストラクターとして、お父さんとお母さん、妹さんを受講生にした講座を開いたのです。そして「家族の会話は互いに察するもの」という前提で、みんなが率直な気持ちを語っていなかったこともわかりました。

その後、イトウさんの実家では、「大丈夫？」「ありがとう」「おいしかった」「気をつけてね」という言葉がよく出るようになり、お父さんとお母さんのあいだの気遣いを表わす言葉も増え、とてもなごんだ雰囲気が生まれているそうです。それだけでも予想もしなかったことと言います。

私たちはだれでも過去があっての現在を生きています。それぞれが過去の家庭環境や言語環境の中で培われた自分を生きています。だからこそ私たちはいまこのときの子どもとの言語環境を大切にしたいのです。

でも、過去に気づくことで現在を変え、それによって過去の束縛を消すことはいくらでも可能です。現在や未来はもちろん変えられますし、このイトウさんの例のように、ある意味で過去のこだわりはいくらでも変えられるのです。

言語のカルチャーは大きく変わりました。「言葉は察するもの」「沈黙は金」「男は黙って……」というカルチャーで育ったかつての父親たちは、異なる言語のカルチャーの中で生きた子どもたちとうまくコミュニケーションがとれぬまま、孤独な老後を送る人が少なくありません。

イトウさんの家のように、温かな会話を取り戻す家庭が増えることを願っています。

第7章

変えられるものと変えられないもの

＊――価値観も人生観も所有権は子どもにある

親と子の欲求の対立が上手なコミュニケーションで解決されたとしても、それでもなおかつ残る対立があります。

それは親と子どもの信条、価値観、好み、人生観などの違いから来る対立です。

ゴードン博士は、問題の所有権と同様に、子どもの信条や価値観、人生観もまた、その子どもに所有権があって、それを子どもの意志に反して変えさせることはまずできないことである。そしてまた親はその所有権を侵してはならないと述べています。

また、「どうしたらもっと学校の成績がよくなるか」「どうしたらもっと勉強させられるか」「子どもは就職するというが、何とか大学に進学させられないか」「親の気に入らない恋人と結婚しそうだからやめさせたい」「髪をヘンな色に染め、奇抜な格好で歩き回るのをやめさせたい」といったことについても、ゴードン博士は「親の力の及ばないこと」――ただし親の「影響力」で変えるもの――と述べています。（「本当はこういう問題解決策を知りたかったのに！」とおっしゃる方も多いのではないでしょうか）

子どもを勉強部屋に押し込むことはできても、勉強そのものは子どもがする気にならなければどうしようもないし、タバコを吸うな、友達を選べといっても、家に監禁でもしないかぎり無理です。これらは家の中の手伝いや親の車を借りることと違い、親の暮らしにも人生にも、具体的には何ら被害も迷惑も及ぼしません。

ごく一般の親からすれば、家事の手伝いなどよりむしろこちらのほうをつい重要視したくなるのですが、落ち着いて考えてみれば、これらの子どもの行動は、別に親には具体的な影響は何もありません。ただ、親の望みと違うというだけで、親自身の生活は何も乱されることはないのです。

こうしたとき、いくら親が「わたしメッセージ」を出したところで、子どもは対立を解決しようとは思いにくいのです。それにもかかわらず子どもの行動を変えさせようとしつこく迫れば、子どものほうは抵抗や反発を感じ、親を相手にしなくなるでしょう。親には何の影響もない子どもの行動を、それではいけないと言って、変えろと批判する。それでは子どもは自己防衛のために抵抗し、反抗して親から離れていってしまいます。

しかし、親が無理に変えさせることはできなくても、またそうすべきではなくても、子どもが親の価値観や考えや信条に耳を傾け、自分が望んだ選択として親のアドバイスをとり入れる結果になることはあります。子どもが自分の判断としてよしとした場合です。それについては後ほど説明します。

また、価値観や好みの違いにすぎない行動でも、そのためにやはり親が何かしらの物理的な影響や少なからぬ心労を受けることもあります。たとえば事例のチェックのレインコートは、着なければ洋服が濡れてクリーニングに出さなければなりませんし、子どもが風邪を引けば親が薬を買ったり看病したりしなければならない。ゴードン博士のお嬢さんの海岸行きでは、両親が毎晩心配して過ごさなければなりません。

こうした親の心配や親への具体的な影響がわかれば、子どもは考えます。

大事なことは、こうした互いの心配や不安を思いやるだけの気持ちが親子のあいだに育まれているか、そして自分の行動が親に影響を与えているという事実が伝わるかどうかです。そのためにも親は子どもにわかるように伝えるという対話の能力が必要になります。

価値観も人生観も子どもの所有権を侵してはならない――ここでも親業のメソッドによる対話が、親の思惑どおりに子どもを動かすためのものではないことがおわかりでしょう。

＊――では親の価値観を伝えることはできないのか？

価値観も人生観も、子どもの所有権を侵さないこと。親の思惑どおりに子どもを動かすわけにはいかない――これは自分と自分の親との関係で考えれば、だれにも納得がいくことです。自分が成長してこれからの進むべき道や、人生やあるいは信仰などを考えたとき、両親からそれをとやかく批判されたり、間違っていると非難されたりしたらどうであったか——。それを考えてみればあまりにも明瞭です。

が、そこが人間の人間たるところ、理屈ではそうでも、いざ自分が親となると、子どもの価値観が自分の求める像とかけ離れていると、心中穏やかではいられません。また、「あのとき我を張らないで親の言うことを聞いておけばよかった!」と苦い思いをしている人も現実にたくさんいます。そういう場合はなおのこと、親の思いをもっともっとしっかり伝えておかなければと考えます。

では親の価値観を子どもに伝えるにはどうすればいいのでしょうか。

私は第1章の冒頭で、教育とは価値の伝承の試みであると述べました。親が自分の価値観を子どもに教えることができないのであれば、私の教育の定義を変えなければなりません。いつの時代になっても親は価値を伝承していこうとするものなのです。

*——価値の伝承1　模範としての親

親はちゃんと自分の価値観を教えることができます。というより、現実に親ははじめから子どものモデルになっているからです。

子どもは親から遺伝子を引き継ぐだけでなく、最初の、そしていちばん大きな環境そのものです。言葉を学び、口調、しぐさ、表情をはじめ、行儀作法、料理の味つけ、読書の傾向などなど、全部ではありませんが（そして親からすれば似てほしいところは似てくれなくて、似てなくていいところだけ……ということもありますが）、その中のずいぶんたくさんのものを継承します。

私は長じて英語を学ぶ道を歩むようになりましたが、思い返してみると、昔のわが家では、父が「ＴＩＭＥ」や「ＬＩＦＥ」を購読して、なぜか音読していたのです。かなり日本語的な英語であったようにも思うのですが、それもかすかな記憶の中で懐かしく思い出すだけですが、それでも私はその父の姿を通して、日本語でない言葉の世界があるのだということを学んでいたのです。価値観とは違いますが、興味や関心の領域に関して、強制も何もされずに、ごく自然に、ある一つの方向性を与えられていたわけです。

意識しようがしまいが、親は子どものモデルです。「正直でありなさい」と教えながら子どもの前でしょっちゅう嘘をついていたり、「乱暴はいけない」と言いながら、体罰で子どもを育てたりすれば、それは価値観を伝えていくうえでは効果が薄いでしょう。「子どもは親の言うとおりにはせず、やるとおりにする」と言われます。親の実演のほうが、口で言うよりも影響力が大きいでしょう。

ある新聞に子どもの詩が出ていました。子どもがお客様からアメ玉か何かをもらった。

それを口に入れたら、おばあちゃんが「アメ玉、返そうね」と言って袋に戻して、どこかに出かけたついでにまったく同じアメ玉を買って、それを自分にくれた――おじいちゃんは判事さんだった、という内容でした。このおばあちゃんは、孫のもらったアメ玉一つでも、いわれのないものはもらわないという姿勢を示したわけです。

子どもが親からその価値観を継承するとすれば、きっとこういう場面を通じて心に深くインプットされるのでしょう。子どもにこの価値を伝えたいなら、まず親が意識的にモデルとなること、すなわち自分が模範を示すことです。

そして子どもはだんだん外の世界を知り、いろいろな知識や情報や他人の生き方を見るにつれ、親とはまた違った人生観や価値観をもつようになっていきます。それが健全な姿ですが、やはり基盤は家庭でつくられるのです。

現在は価値の伝承がたいへん難しい時代になっています。子どもは確かに親の姿から価値観を学びますが、少なくとも自然に親の後ろ姿を見て育つというのは、もう通用しないほど、親の姿を見せる場面が限られてきています。本当に伝えたいこと、ぜひ覚えていてほしいことは、生きている後ろ姿は親が傍にいるのだから無意識にでも示しているはずと、気を抜きっ放しというのではなく、ときに正面から言語と姿勢とで意識的に明確に伝えること。ただし、伝えられた人生観や価値観を取り入れるかどうかを選択するのは子どもだということです。

そしてこれは皆さんなかなか気づかれないのですが、本当に「自分らしい自分でいられる親」「その人らしい親」が、本当に「自分らしい自分でいられる子ども」「その子らしい子ども」を育てられるのです。

親が自分の信条や価値観に忠実に生きていて、それも自分らしく自然体で生き生きと楽しそうであれば、子どもは本来の姿を歪めることなく、自然とそれを見習うようになるでしょう。

＊――価値の伝承2　コンサルタントとしての親

自分の価値を伝承するのに、もう一つの方法があります。

必要なときに、子どもの人生のコンサルタントになることです。各種のコンサルタントが依頼者の相談にのるのと同様に、親は自分の人生の知恵と知識と経験から、可能な限りのデータを示し、その時点での自分の考えを述べ、アドバイスを与える。そこに親の価値観も人生観も、すべてが含まれます。子どもが思春期であろうが成人しようが、いくつになっても、親のほうが人生の先輩です。

ただしそれには優秀なコンサルタントと同様の姿勢が必要です。子どもの心の扉を開くのに、優秀なカウンセラーと同様の方法が必要であったのと同様です。

それは情報や知識・データを揃え、相手に理解できるようにそれらを示し、アドバイスするだけで、その選択は依頼者に委ねる、という原則を守ることです。決して強要したり注意したり説教したり、自分がよしとする方向を子どもが選択するように強制する姿勢をとってはいけません。そしてくどくどと何度も言わずに、一回だけ。それ以上はくり返さないことです。

その情報やアドバイスが適切で、子どもが貴重なものと思えば、子どもは言われなくてもそれを自分の選択とします。そしてまた次のときにも、コンサルタントであるこの親に相談に来たいという気持ちをもつことでしょう。

先ほど、タバコや勉強について、それは親の力の及ばないことと言いました。親は子どもに無理にタバコを吸わせないようにすることはできませんが、しかし子どもがタバコのことを考える、その思考に影響を与えることはできます。タバコの与える害について、きちんと客観的な知識を集めて教えればよいのです。ただし頭からタバコは悪いと決めつけて、それに都合のいい情報だけを教え込むのでは、相手ははじめから信用しません。「自分の集めたデータから私はこういう結論を出している。それを君がどう受け取るかは君の選択だ」という姿勢を崩さないことです。

勉強についても同様です。たとえば思うように勉強が進まないとき、自分が若いころにはどんな工夫をしたか、それがどんな効果を上げたか、どんなやり方がうまくいかなかったか、また学校で学んだことの貴重さについて考えを述べ、参考になりそうなことを提示し、あとは子どもの選択に任せます。

もちろんそれ以前に、まず自分が子どもから「相談したい」と思ってもらえるような親であるかどうかが先です。あなたがこれまでに本書で紹介してきたメソッドを身につけていれば、それは十分可能でしょう。コンサルタントになっても、こちらが話す一方ではありません。優秀なコンサルタントであるためにも、また、やはり能動的な聞き方が依頼者の信頼を得るうえでも非常に効果的なのです。

そしてまた、皮肉でもあり、残念なことでもありますが、善良で性格もよく、人格も立派、人を思いやる気持ちも人一倍もっている人がコンサルタントとして優秀であるかというと、必ずしもそうではありません。情報がなく、知恵がはたらかなければ適切なアドバイスができないからです。

そういう意味では親の能力の偏りがまた子どもに反映もするのですが、どうも親は自分のことはさておいて、子どもには勉強もスポーツもできてほしい、思いやりもほしい、自己主張もできなくてはいけないと思ってしまうようです。

相談をもちかけられたとき、それに応えることのできる力を蓄積しておくには、日ごろから自分自身と真摯に深くつき合って、ものごとを深く洞察するくせをつけておくこと。何か具体的な事柄なら、それについて十分に情報を集め、自分なりのベストを尽くして、「これが私の考えだ」と出せるように。その時点で得られた情報と自分の考えで、ベストのものを提示するのです。そのときは、「ほかの人ならもっといい提案があるかもしれないが、これがいまのところの私のベストの答えだ」といさぎよく示します。あとになってそのアドバイスが不適切だったとわかることもあります。しかしそれ自体はちっとも恥ずかしいことではありません。でも「あのときこう言ったが、あれはいまにして思えば間違いだ。その後得た情報でいまはこう考えている」と、コミュニケートしておくことは必要です。

相談するほうも、だれかに何かを相談してその意見を取り入れるならば、その結果は決断した自分の責任です。「あの人がこう言ったからこうしたのに」などと責任転嫁はしない。そんな姿勢は日ごろ親が身をもって示しておくことです。

*——未来に起こりうる問題に向かえるか

親業訓練講座にいらしていたあるお母さんの中学生の娘さんは、「人殺しとセックス以外は全部した」というお嬢さんでした。母親はいつも泣きどおし。娘が外出するときは、いつ帰ってくるかわからないと思い、そう思うとお酒を飲んで酔っ払ってでもいなければ耐えられないという状態でした。

この親子は会話もできない状態だったのが、お母さんが講座にいらしてからは、ドアのすき間から母親のすべり込ませた手紙を娘が見るというつながりができ、やがて子どもから「自分も本当につらい。でも何もできない。お母さん少し待ってて」という内容の手紙を受け取りました。それから半年ほどしてからインストラクターのもとに「これまで私の傍に寄りつかなかった娘が、いま私の傍に来て眠っています。とても嬉しい」という電話がありました。

やがて娘さんは学校に行くのをやめ、中学の卒業証書だけは何とか手にして、いまは専門学校に行く毎日を送っています。お母さんは「学校に行かないと決めたことが、そのときの彼女にとっていちばんよい選択だった」と言われました。「学校に行かなければ仲間と会わずにすむ。それ以上悪くなることを避けることができる。娘が自分でそれを選んだのだ」と。

このとき、このお母さんの望みは娘の選択と対立しませんでした。もちろん学校に行かせたいという思いは強くありました。しかし学校に行くことが、仲間とシンナーを吸い、万引きをすることを意味するのであれば、その仲間からはずれたいという娘の思いを大切にしたいと思えたからです。

こんな場合こそ、親は子どものコンサルタントとしての力を発揮します。

学校に行けば、将来のいくぶんの安心を買う代わりに、悪い交遊関係が復活する。行かなければ仲間とは手が切れるかわりに、中卒の肩書きで世に出ることになる。こんなときは親は子とともに両方の選択から将来直面することが予測される問題を書き出し、その対応策も考えてみます。もちろん学校に行きながら仲間と手を切る方法はないか、転校はどうか……など、思いつく限りの選択と、その結果予想される問題を、たとえば書き出していくのも効果的です。

中卒の肩書きで社会に出ることのデメリットも十分情報提供し、子どもの結論をくつがえさせようとするのでなく、それを考慮してもなおやめたほうがいいかどうかを検討するのです。

そして学校には行かないということで合意できたら、いま何をしたいのか、その中でより選択肢の広いポジションを得る道があるか、可能性を探ることができます。

こういうところでは、より人生経験の長い親の、コンサルタントとしての能力が問われます。また、親自身がどんな社会に属してきたか――学歴が重要視される社会かそうでないか、また自分自身が類似の問題をクリアーしてきたり、学歴がなくても自由に充実した毎日を過ごしている人を身近にどれだけたくさん知っているかにもよります。

そして行くにせよ行かないにせよ、ある判断をするということは、その結果数年後に起こる可能性のある事態も本人が引き受けることを意味します。引き受けるというのは、新しく直面した事態を解決するために、知恵を絞り努力をするハラを決めるということです。「あの段階ではそれがベストだと思って自分の意志でそれを選んだ。でもその結果、中卒という学歴が社会でこんな扱いを受けるとは思わなかった」となれば、そこから「ではこれからどうしたらいいか」を考えればいいのです。

親のほうはつねに子どものサポートをしていきたいわけですから、二年後に子どもが「やっぱり高校に行っておけばよかった」と言ったときには、「だから言ったでしょ」ではなく、ではそこからどうするかという、また新たな問題解決に向かいます。まずは気持ちを聞き、学びたいのか、高卒という学歴が欲しいのか、問題点をはっきりさせ、それによって遅れて進学するか、夜間学校に行くか、大検を受けるかといった選択肢を検討する作業に入るわけです。

こうしたコンサルティングをくり返しながら、子どもも親自身も、どんな人生を生き、これからも生きようとしているか、自分の望む道がだんだん明確に見えてくるのです。そんなふうに、どんな選択をするにせよ、その結果起こることに立ち向かう覚悟ができる精神的体力が自然に引き出されてくるのが、このメソッドなのです。

もちろんこういう話が親子でフランクにできる間柄であれば、はじめからこういう事態になる前に問題は解決していたでしょう。でも遅ればせながらであろうが何であろうが、「何とかしよう」と親子で正面から問題に向き合おうとする努力がどこかで始められなければなりません。その具体的な方法が親業のメソッドにはあるのです。

講座の受講生の方のお話です。

息子さんが車の免許をとってまもなく、早速ドライブに行くからお父さんの車を貸してくれと言ってきました。親は行かせたくない。でも親が車を貸さなくても、友達の車を借りるなりレンタカーを借りるなりするのが目に見えている。そこで彼女はよくよく考えた末、息子に言いました。

「行くか行かないかは、あなたが決めることで、私に止める力はない。でもあなたが私やお父さんにとってどれだけ大切な存在か、よく考えてほしい。あなたに万が一のことがあったときに、私たちがどんな気持ちになるか、その後どういう人生を送るのか。

また、未熟な技術で運転してだれかの命を奪ったり、一生を変えることになったときにどうするのか。その家族みんなの悲しみや人生を狂わせる事態になったときに、自分に何らかのつぐないができる力があるのか、そのことをよく考えたうえで行くかどうか決めてほしい」。

息子さんは黙って聞いていましたが、二、三日して「行かないことにした」と言ったそうです。

そのお母さんは運転の未熟なものが万が一事故を起こした場合にどうなるのか、想像だけではなく、現実のデータを集め、自分の考えもまとめ、そのうえ二、三度話す練習もして、「それでもなおかつ行くというならそれでもいい」と覚悟が決まったところで、話をしました。だからしっかり話せたし、また話しただけで自分は「やるべきことはやった」とすっきりしたと言っていました。

こうしたことは、親が話をしたからといってすぐに子どもの行動が変わるわけではありません。しかし親として誠心誠意話したことで、自分のできる最善の道を尽くしたという納得ができます。そして、親が全力投球して自分に関する問題を解決しようとしていると いう姿勢が見えることで、子どもは自分の行動を真剣に見直し、親の言うことを取り入れるかどうかを自分の意志で決めるのです。それは親から価値観の押しつけをされるのとは大きく違う、子どもの自主性が発揮される余地のある対応でもあります。

＊――変えられるものを変えていく

一般に私たちは変えられないものを変えようとすることもとても多く、(子どもがいい例です)、変えられるものも変えようとしていないことがとても多いと思います。「自分」なんていくらでも変えられるのに、自分を変えようとせずに子どもや周囲を変えようとすることが何と多いことでしょう。

ゴードン博士は、親が子どもにもつ不満（つまりもっとこうなってほしいという感情）について、その親の自分自身への不満や不安を挙げています。

心理学の分野では、自分自身を一個の個人として受け入れられる人は他人をも一個の個人として受け入れやすく、自分自身を許容できないことが多い人は、他人をも許容しにくいと言われます。ゴードン博士はさらに、自分を肯定でき、思うように自分自身の生き方ができる親は、子どもの人生で自分の夢を達成させようとする必要がない、という意味のことも述べています。

人間関係が健全なら、人は相手が自分とは別個のものであることを認められます。子どもの行動が受容できず、もっと子どもにこうなってほしい、ああなってほしいという気持ちが強ければ、自分が自分自身を好きかどうか、もし嫌いならどこが嫌いなのか、一度自分のほうに目を向けてみてください。

親が親自身を変えるのは簡単なはずです。そして親が変わることで子どもも変わります。親業のインストラクターたちも、「変えられるものがあることを信じて変えていきませんか」と、みなさんに訴えています。

＊――いまがだめでも、可能性のある道を

たとえばすでに十五年以上も不幸な関係が続いている場合は、親が多少の変化をしても、互いの関係になかなか変化が起こらないこともあるでしょう。子どもがすでに家に寄りつかない状態なら、学んだことを実行しようにもその場がありません。

でも、それまでに仮に「この子さえいなければ」「死んでくれたら」と思うほどの子どもの非行がくり返されていたとしても、その背後には「娘だからこそ立ち直ってほしいのに」という親の強い思いがあります。

それだけの思いがあれば、親業訓練で子どもの言葉や行動の向こうにその子が何かどうしようもないつらいものを抱えているのか、はけ口がなくてそういう行動をしているかと思うことを学ぶことができます。また、「自分のこれまでよかれと思ってしてきたことが、子どもを外に追いやる結果になったのかもしれない」と感じるようになるかもしれません。

そうなると、それまでその子が帰ってくるたびにまるで疫病神でも見る目で見ていたものが、子どもに向けるまなざしが違い、同じ言葉をかけるにも、声の調子も変わってくるものです。

子どもはそれに反応を見せなくても、親の変化は肌で感じています。それが何カ月か、何年かたって具体的な変化となって現れる可能性はあるのです。少なくとも双方に望ましい結果になる可能性だけは大きくなるわけです。投げてしまえば、さらに悪化するか、少なくともよくなる可能性は閉ざされてしまいます。確実に時間はすぎるのですから、それならよい結果に変わる可能性が少しでも大きいほうを選択したほうが、何より心のもち方が楽になるでしょう。子どもを受け入れられるということは、それ自体が親の大きな喜びなのですから。

子どもが生まれてからいままでの長い期間をかけて親子の関係がまずい方向にきたのなら、同じ年月をかけて望ましい方向にもっていこうとするぐらいの姿勢でいいのではないでしょうか。

私たちのもとには、「まさかこれだけのことで子どもがこんなに変化するとは思いませんでした」という報告をたくさんいただきます。「親に理解される、受け入れられる」ということを、すなわち親との信頼関係を子どもはそんなにも痛切に求めているのだと、痛いように感じます。そして親が変われば子どもも変わると、つくづく思うのです。そして、そんな子どもの信頼関係を知った親は、子どもがさらに愛しく感じられます。また同時にそんな関係を子どもとのあいだに実現できる力を得た自分たちを誇らしく思えることでしょう。

＊――「祈る」思い

くり返し述べてきたように、親業のメソッドでは、「問題の所有権」という概念が明確です。これはある意味で「人生の所有権」という考え方にもつながります。

親子とはいえ、親と子はおのおの別の人間です。だから人生もおのおのが自分の人生を所有し、互いに侵すことはできません。

しかし、これまたくり返しますが、「子どもには子どもの人生がある」と言いながら、より深く関わろうとするのが親です。親だからこそ、子のためによかれと思うことを伝え、悪しきものは何かを教え、「子よ、かくあれかし」と願う――。それでも子どもは、わが道を歩んでいきます。親の思いなどまったく見えていないかのように、子どもは自ら選択した人生をつくっていくものなのです。

ここに親の祈りの思いが入ってきます。親はかつて自分がそうだったように、子どもが子どもの人生を選択することを痛いほど知りつつ、「こうであったらこの子はより幸福であるだろうに」との願いを捨てずに、子どもを眺め、その葛藤の中で、「自分がもっと変われますように」と願いをもち続けて生きる、ということです。

親であれ子であれ、「相手のために」、「自分の意志に反して」自分の行動を変えることは難しいものです。それでも親として、祈りの思いをもち、願いを捨てずにもち続けるということは、「大切な他者としてのわが子」にずっと関心をもち続けるという、「自らへの決意」ゆえの行動なのです。私はこのことこそ親の愛情と呼ぶべきものと思います。この愛情があるからこそ、親は「親業訓練」で自らを整えることを始めるのです。そして訓練の最後に問われるのも親の愛情があるからこその「祈り」の思いなのです。

親業訓練は愛情に始まり、愛情に終わると言えるのです。

■コラム⑦　親業訓練協会の活動とインストラクターたち

私たち日本の親業訓練協会は一九八〇年に発足しました。現在では一般的な親業訓練講座のほかに、「教師学講座」、医療従事者や家庭での介護者のための「看護ふれあい学講座」、「自己実現のための人間関係講座」そして、中高生を対象にした「ユース・コミュニケーション講座」など、多くの講座が開かれるようになりました。さらに上級の講座を設けたものやインストラクター養成講座もあります。

親業訓練講座の受講者の半分は、「いま現在これという問題はないが、親子関係がよくなるなら学びたい」という人、二割は現実にいま問題を抱えている人（親子の会話がないといったものを問題ととらえている人から非行まで）、二割は知的好奇心のある人、あとの一割はそのほか、たとえば学校の先生が一石二鳥を期待して受けにいらしたりしています。男女比は最初は二対八くらいで女性が多かったのが、いまは三対七くらいで男性が増えてきて、夜間や土日の講座も開かれるようになりました。

一般講座はゴードン博士の著書『親業（ＰＥＴ）』をテキストに、少人数グループで、一回に二時間ほどの講座を週に一回、八週間行ないます。概念を理解し、ロールプレイなどを通して体験学習をし、家に帰ると次の講座の日までに習ったことを実践します。このとき家庭でたいていはびっくりするくらい子どもの変化を目の当たりにするので、次の学習はさらに身が入ります。また、宿題をサボった人も、他の人の例をいろいろ聞かされると「じゃ私も……」とやる気が刺激されていくのです。グループ学習のおもしろさ、もっとも学習が身につきやすいパターンです。

最近では講座を終了した人が娘に受けさせたり、結婚する予定の男性がフィアンセに是非受けてほしいから、と一緒に受講したりして、私たちが感動させられています。

思えば私はこの親業訓練協会を発足させる時点から、ＰＥＴに賛同する熱心な親の方たちのエネルギーと受講者の喜びに助けられてここまで来たようなものでした。

私が、なかでもみなさんに知っていただきたいのは、多くのインストラクターたちの熱意です。インストラクターになったのは、自分が学ぶだけではあきたらず、「こんな素敵なものがあることをもっとたくさんの人に知ってもらいたい。

困っている人の助けになりたい」という願いを実現させた人です。現在日本全国に約六百人、中には海外の赴任先で活動している人もいます。

インストラクターの活動は決して楽ではありません。彼らを動かすエネルギーは、何よりも〝喜び〟です。親業を学ぶことで自分自身の家庭が大きく変わった喜び、自己成長の喜び、他の家庭に幸福をもたらすお手伝いをする喜び、親として共通の基盤で語り合える喜び、人の輪を生んでその波紋を広げていける喜び――。

そして私自身は、女性の社会参加という意味から、彼女たちの活動の可能性をあらためて考えずにはいられません。従来女性は子どもを育てるという行為を通して社会参加はしていましたが、子どもを育てたという経験そのものが社会で評価されることはありませんでした。でも、親業のインストラクターは、まさしくその子育ての経験のあることが、活動をするうえで大きな意味をもつのです。子育てをしたということが評価される、新しい社会参加のあり方が出てきたのです。私はこの意味をとても大きく考えています。

もちろん、社会的な活動という意味では、子育ての経験のある女性のみがインストラクターになっているのではないことは言うまでもありません。独身の人、また男性も数多くインストラクターになっています。教育関係者、とくに保育園、小・中・高校、また大学の教師の中にもインストラクターの資格をもつ人が増えてきています。ただ、「子育て」をした女性の社会参加を容易にしていることは注目すべきと考えます。

有償ボランティア的性格、親とくに女性のエネルギーの新しい突破口である点、子育てという活動と経歴が社会的に評価される点――こうした点を考えると、私は親業訓練が時代を先取りしたユニークな民間活動ではないかとさえ思うのです。

いま家庭のあり方は、個々の家庭の問題にはおさまらず、日本社会のこれからを左右する大きな問題になっています。親の立場にあるすべての人が関心を寄せてくださることを、たくさんのインストラクターたちと共に待ち望んでいます。

〓終　章〓　自分らしく生きるとは?

＊――〝理想の姿〟って、何だろう？

第1章で、私は親業訓練すなわちPETはあくまでもコミュニケーション訓練であって、「親のあるべき姿」や「理想の家庭像」「望ましい親子関係」を示すものではないと述べました。

ですから「親業を学んだ家庭の子どもは東大に入るのか？」とか、「不登校にはならないか」という話ではありません。不登校になることだってあり得ます。もしなるとしたら、たとえばそれは対話を通して、いま学校に行かないことがその子にとって必要だということが見えた結果であり、それまで言えなかった「学校がイヤだ」といえる言葉がやっと出せる環境ができた結果であり、そしてそれを親も理解できるようになった結果、問題の解決策として、学校に行かないことを選択したということなのです。そして次に、「では学校に行かずにこれからどうするか？」という課題を考えることができるようになります。

問題の解決策も、求める家庭像も、理想の親像も、それは人の数だけあるはずです。

親のあり方にしても何にしても、そもそも理想の姿とは何なのか、何をよしとして何を悪とするのか、その判断は意外とわからないものです。「何が本当の豊かさか」「幸福とは何か」というテーマが近年盛んに論議されていますが、豊かさの基準、幸福の基準も、各自一人ひとりが、自分の中に解答を求めるべきものでしょう。

ただ一つ言えるのは、人はどんな状況に置かれたとしても、そこからどんな道を選ぶか、そこでどう自分を鍛えることができるかについては、何通りもの選択肢をもつということです。

そういう選択をよりスムーズに導いてくれるのが、親業のメソッドなのです。

ただし、このメソッドは解決策を与えてくれるのではありません。解決策に導いてくれるガイド役なのです。こういう対人関係の訓練をしていると、あなたもあなたの子どもも、自分が本当に何を望んでいるかが見えてきますよ、という対話のメソッド。そしてあなたやあなたの子どもの、自分という人間に合った対策が見えてきますよ、というメソッドなのです。

第4章で「わたしメッセージ」という方法を紹介しました。おもしろいことに、この「わたしメッセージ」を使おうとして初めて、自分に語るべきものがないことに気づく人が意外と多いのです。自分が何をどう感じ、相手に何を望むかが見えないことに気づく。価値観の対立ともなると、まさに「自分の価値観」と思っていたものが、実は自分の親の価値観そのままの受け売りだったり、会社という組織の価値観だったり……、自分はいったい何を基準に生きてきたのだろうと気づく人がとても多いのです。

親業のメソッドのすぐれた特徴は、日常的な問題解決を通して、親も子も自分という人間が発掘できることです。そのために私たちは「自分が確立していく」という実感を得ることができ、自分の求める豊かさ、自分の求める理想が見え、それに確実に近づく手応えを得ることができるのです。

こうして自分の考えや望むことがしっかり見えてくると、「みんながこうするのだから自分もこうしなければならない」という基準では行動しなくなります。周囲の枠はちゃんと認識したままで、自分の思考や感じたことを基準に行動していく自信が生まれるのです。

＊——ホンネを話す訓練は家庭から

親業訓練の講座にはたくさんの女性、とくに母親が訪れます。そのときよく話題に出るのは、夫の家庭への関わり方です。

小さな子をもつ母親は、ただでさえとても不安です。精神が落ち着かず、気持ちがイライラします。妻がどれほど安定した子育てができるかは、夫がどれだけ妻をサポートできるかで大きく変わります。それは物理的にオシメを替えたり散歩に連れていったり手助けをすることもさることながら、実際に子育てに時間を割けない夫であっても、「夫は子どもが育つことに関心をもっている。そしてちゃんと私を見守ってくれている」という実感を妻がもつかどうかです。これは調査でも明らかになっています。

近年は男性がだいぶ家庭復帰するようになりました。これまで男性は組織としての機動性と効率を第一に自分を動かしてきましたから、家庭での生活をより大切にすることで人間として感情や豊かさが培われて、より全人的に生きられるといいなと思います。

また、私はこれから男性の価値の評価も、仕事の能力一辺倒から全人的な評価へ――つまり家庭をきちんと運営でき、子どもや妻との関係の中で人間を成熟させた人が、社会的にも評価されるようになるのではないかと思っています。それは決して家庭で過ごす時間が長いとか、料理をしたり洗濯をしたりする人という意味だけではなく、生活者である一個の人間として感情や豊かさを蓄え、かつまた周囲の人間をも豊かにできるという、人間としての力なのです。

ですから私は、「男よ、家庭に帰れ」と言われて男性が帰るのではなく、「家庭が楽しいから帰りたい」と思うようであってほしいのです。私はある男性が、こっそり隣の男性に「家庭が大事って言うけど、本当は仕事が楽しいよね」と耳打ちしているのを聞いたことがあります。もしそれがホンネなら、それを口にしてみましょう。また、女性がこれだけ外で働くのは、外で働くことに家庭にはない楽しさがあるからだという人もいるかもしれません。

それではどうして会社が楽しくて家庭はつまらないのか――もしそれがホンネなら、そのホンネが出てくることで、本当の意味での家庭の見直しを始められます。

おもしろいことに親業訓練の講座を受けた男の方は、家庭の中に居場所ができた、安らげる場所は家庭であると発見したと言われます。さらに職場での自分が生き生きし、それが妻にも波及し、子どもにも大きく影響しているとも言われます。

私はそれは家庭でホンネで交流する訓練ができていればこそだと思います。

周囲の枠を考慮したうえでホンネをきちんと語り、それを正確に聞く訓練——これが家庭でちゃんとできていると、会社でもほかの人が怖くなくなります。きちんと自分のホンネが言え、そして他者のホンネに耳を傾けられること。このことが大人であれ子どもであれ、すべての人に共通してとても大事です。

「きちんとホンネが言い合える」ということは、信頼感のもとにホンネを話し合うことでもあります。それが気の合う仲間の対話であり、知的な対話でもあり、私はそこから生まれるものが、結果として少しずつ周囲をも変えていくのではないかと思っているのです。

＊——自分らしい幸福を追求することが、周囲を変える

本書ではこれまで主に親子の関係について述べてきました。

でも、子どもばかりが関心事というわけではありません。社会、学校、会社……。私たちを取り巻く環境はいつも決してみんなが心地よいと思うものばかりではありません。そしてこれまでにたくさんの人たちが、制度や評価の仕方やその他もろもろのことについて、改革を求める試みをしてきました。それでもやはり社会は混乱した状況に陥っていて、とくに教育問題はなかなか解決策が見えません。

そうした努力を私は否定するつもりはありません。と同時に私は本書を読まれた一人ひとりの方が、男性も女性も自分の判断を基準に生きていくことが楽にできるようになったら、家庭にも学校にも会社にも、そして社会にも、おのずと波紋が広がっていくのではないかと思うのです。

親業のメソッドは、「こう言ったら相手が変わります」という、相手を操作する方法を提示しているわけではありません。でもあなたが「私はこう考える」「こう考える人間である」とホンネで訴えることを始めることで、結果的に周囲が変わっていくのです。

信頼感のもとに互いに思うことを述べ合ったあとで、「実は僕もそう思っていた」という話になる――これはたくさんの方が経験しています。それがさらに大きなエネルギーに発展して、結果としてグループ全体が変わる――これまた少なからぬ人が経験しています。ただ、私が申し上げたいのは、周囲を変えようとして、それを目的にホンネを話そうということとは違うのです。目的はむしろ「自分らしい幸福を追求するため」なのです。

親業訓練には家庭の親が参加し、結果として家庭全体が変わっていますし、家庭で変わった父親は、職場でも変わっています。教育の現場にいる先生たちの力の影響力も大きく、先生たちの「わたしメッセージ」や「能動的な聞き方」で、生徒たちが変わり、各生徒の家庭が変わり、そして学校全体が少しずつ変わっている例もあります。

全体は個の集合です。だから社会や会社に「自分はもっとこうであればいいと思う」と思うところがあれば、自分がスタートできる時点から、働きかけられるところから働きかければいいのです。その働きかけとは、相手へ何かを要求することではなく、相手に対して自分のホンネを語ることなのです。自分を出すことで、直接変化を生むことはできなくても、変化を生むきっかけを呼び起こすことができるかもしれないし、少なくともその可能性はあるわけです。

そういう意味では、自分は家庭がこうあってほしい、学校がこうあってほしい、社会がこうあってほしい、という「思いをもつ」ことがスタートです。思いがなければ、何も始まらないからです。そういう「思いをもつ個」と「ホンネを語る個」が増えていけば、結果として全体が変わっていけるでしょう。

いくら価値観や理想像は人それぞれでも、それでもやはり基本的に人が心地よく感じるとか、不快に感じるということは共通しているものです。

自分がどんなときに心地よいと感じ、どんなときに不快感を感じるか。同様に周囲の人はどんなときに心地よいと感じ、どんな行動を受け入れられないかを聞く――それを妥協なく追求して、自分が幸福に生き、他人の幸福をも大切にすることが、結果として社会全体が変わることにつながるのではないでしょうか。

あとがき

「親業」に触れた方は、だいたい四つの段階を経ていかれるようです。

第一段階は、子どもによかれと思って命令し、ときには脅迫していたとき。つまり、親業のメソッドを知る前の段階です。しかし、これは不適切だと言われて、「あ、そうかいけないんだな」と思って努力してみる。これが第二段階。しかしどうもうまくいかないと感じる。

第三段階は、意識して子どもに接すると、うまくいくようになる。最後の段階は、子どもの気持ちを自然に受け止め、言いたいことがあったら「わたしメッセージ」を送っている。つまり生活の中にメソッドが自然ととけ込んでいる状態。——すぐに第三段階に行かれる方もあるし、第二段階でなかなか前に進めない方もいます。

本書を読んで初めてメソッドを使ってみられると、はじめは結果が出てこないからイライラすることもあるでしょう。この第二段階がいちばんつらいとき。わかっているのにできない自分ってなんだろうと自分を責めてしまいます。しかし、第一段階よりも進んだところにいるわけです。やがて、「うまくいった！」という時期が来ます。それが重なっていけばしめたもの。「あ、やっぱりこれが良かったんだ」と思えたとき、自然にできるところまでに行けます。とにかく、概念がわかったら、意識して試みてください。くり返しの連続です。

また、ここできちんと身につけたいと思われる方は、親業訓練を受講されることをお勧めします。わかったつもりでやっているのにうまくいかないと感じるとき、インストラクターから対応の間違いを指摘されることもあるでしょうし、何よりも仲間がいることが励みになります。全国でインストラクターが講座を開いています。どうぞ参加してみてください。

このたび本書が、みくに出版から復刻改訂の形で再出版されることになりましたことを、心からよろこんでいます。

子どもが親を殺す、というような事件も珍しくなくなっていますが、そこまで至らなくとも、不登校、ニート、ひきこもりといった形で、子どもの行動が、親に家庭に社会に不安を呼んでいます。それは、子どもたちのそれなりに理由のある反抗の一形態かもしれません。その状態を変化させるために、周囲の人々のコミュニケーションの能力が大きな意味をもつと考え、本書を世に再び送り出します。

本書には、親業訓練協会の高木幹夫会長、中本時仁副会長をはじめとする協会本部のスタッフと、各地域において地道に活動を行なうインストラクターの方々、そして親業を実践しておられる受講生の方々の情熱が集まっています。ここに上記の方々のご努力に敬意を表すると共に、出版に大きな力となってくださった、みくに出版の小林隼人社長にもお礼を申し上げます。

頭で理解するだけでなく実際の生活でコミュニケーションを変化させるために、親業の実践力を身につける方がたくさん誕生することを願っています。

平成十九年一月

近藤千恵

本書は、一九九八年六月に総合法令出版より刊行された
『理由ある反抗』を一部改訂したものです。

≪親業関連図書≫

『親業』
トマス・ゴードン著
近藤千恵訳　大和書房

『自立心を育てるしつけ』＊
トマス・ゴードン著
近藤千恵訳　小学館

『親業ケースブック』
『幼児・園児編』『小学生編』
『中高生編』
近藤千恵監修　大和書房

『親業トレーニング』
近藤千恵監修　久保まゆみ著
駿河台出版社

『ゴードン博士の親になるための16の方法』
親業訓練協会監修
瀬川文子著

『自分らしく生きるための人間関係講座』
リンダ・アダムス、エリナー・レンズ著
近藤千恵・田中きよみ訳
大和書房

『自分らしく生きる幸せのコミュニケーション』
－人間関係を変える３つの方法－
近藤千恵著
みくに出版

『教師学』＊
トマス・ゴードン著
奥沢良雄・市川千秋・近藤千恵訳
小学館

『「教師学」心の絆をつくる教育』＊
近藤千恵著　親業訓練協会

『教師学入門』
近藤千恵監修　土岐圭子著
みくに出版

『心とこころの保育』
近藤千恵著　ミネルヴァ書房

『医療・福祉のための「人間関係論」』
－患者は対等なパートナー－
トマス・ゴードン著　近藤 千恵監訳
田渕保夫・田渕節子訳
丸善

『看護ふれあい学講座』
近藤千恵監修　中井喜美子著
照林社

『介護者のための人間関係講座』
近藤千恵著　あさま童風社

『「介護」は「解語」から』
－介護者のためのコミュニケーション術－
親業訓練協会監修
青沼隆子・大野志津子・土田陽子著

クリスチャンのための『親業ABC』
Ｅ・Ｈ・ゴールキィ著
近藤千恵・広田実訳　新教出版社

「ゴードン博士の人間関係をよくする本」
トマス・ゴードン著　近藤千恵訳
大和書房

『心を伝える21世紀のコミュニケーション』＊
近藤千恵監修　親業訓練協会

親業訓練ミニレクチャーシリーズ ＊
『親子手帖』『保育手帖』
『教師学手帖』
『父親のための家庭手帖』
『看護手帖』『介護手帖』
近藤千恵著・監修
『自己表現手帖』
近藤千恵監修　田中きよみ著
（小冊子・親業訓練協会）

＊の図書は書店では取り扱っておりません。
親業訓練協会へお問い合わせ下さい。

親業訓練講座のご案内

本書の内容を身につけるために、ロールプレイなどを通して体験学習をする実践的な講座です。

講座時間　全24時間（基本は週１回３時間×８回）

受講場所　講座は全国各地で行われています。

講座の内容

1、親も人の子、神さまではない——親にも自分の気持ちがある
2、親になんて話せないか——心の扉を開くことば
3、子どもの心を知るために——「能動的な聞き方」
4、子どもが受け入れる親の話し方——「わたしメッセージ」で感情表現を
5、子どもはいい環境にいますか——改善の余地はありませんか
6、さけられない親子の対立——親子のどちらが勝つべきか
7、対立を解くために「勝負なし法」——新しい親子関係の創造
8、親業をクビにならないために——親は子どものコンサルタント

——親業訓練協会には、他に下記の講座があります。——

「教師学講座」——教師と生徒の心の絆づくりに

「ユース・コミュニケーション講座」——学校での対立解消のためのワークショップ（中学・高校生対象）

「自己実現のための人間関係講座」——相手も自分も生かす関係づくり

「看護ふれあい学講座」——看護する人とされる人との間にあたたかい人間関係を築く

＊「看護ふれあい学講座」を修了した方々は「ふれあいコミュニケーション・リーダー」の資格が取得できます。

〈講演・講座についてのお問い合わせ〉

親業訓練協会
東京都渋谷区恵比寿西2-3-14　８Ｆ（〒150-0021）
Tel.03-6455-0321　Fax.03-6455-0323
ホームページアドレス　https://www.oyagyo.or.jp

<著者略歴>

近藤千恵（こんどう・ちえ）

親業訓練協会顧問。

広島市に生まれる。国際基督教大学卒業（心理学専修）。二児の母。1974～75年アメリカ・パサディナ市のETI本部でP.E.T.（親業訓練）インストラクターの資格を収得。1980年親業訓練協会設立。現在は、講演、執筆等で活躍中。

主な著書に『子どもに愛が伝わっていますか』（三笠書房）、『「親業」に学ぶ子どもとの接し方」（新紀元社）、『介護者のための人間関係講座』（あさま童風社）、訳書に、『親業』『自分らしく生きるための人間関係講座』（ともに大和書房）、『教師学』『自立心を育てるしつけ』（ともに小学館）、監修書に『教師学入門』（みくに出版）などがある。

理由ある反抗

2023年２月19日　　新装版発行

著　者　　近 藤 千 恵

発行者　　福 村 徹

発行所　　みくに出版

〒150-0021

東京都渋谷区恵比寿西２－３－14

TEL03-3770-6930　FAX03-3770-6931

印刷所　　サンエー印刷

©Chie Kondo 2007

Printed in Japan

落丁・乱丁本はお取替えいたします。

定価は表紙に印刷してあります。

ISBN 978-4-8403-0842-7 C0037